UMA FATIA DA ITÁLIA

UMA FATIA DA ITÁLIA
Como a pizza conquistou São Paulo e o Brasil

Flávia G. Pinho
Fotos: Caio Ferrari

© 2022 - Flávia G. Pinho
Direitos em língua portuguesa para o Brasil:
Matrix Editora
www.matrixeditora.com.br
/MatrixEditora | @matrixeditora | /matrixeditora

Diretor editorial
Paulo Tadeu

Capa, projeto gráfico e diagramação
Antonio Werneck

Revisão
Silvia Parollo

CIP-BRASIL - CATALOGAÇÃO NA PUBLICAÇÃO
SINDICATO NACIONAL DOS EDITORES DE LIVROS, RJ

Pinho, Flávia G.

Uma fatia da Itália / Flávia G. Pinho. - 1. ed. - São Paulo: Matrix, 2022.
128 p.; 21 cm.

ISBN 978-65-5616-230-0

1. Culinária. 2. Pizza. - 2. Pizza - História. I. Título.

22-77503   CDD: 641.8248
                                                                 CDU: 641.5

Gabriela Faray Ferreira Lopes - Bibliotecária - CRB

SUMÁRIO

Apresentação...8

São Paulo começa e termina em pizza..10

Fatias de história...13

A pizza chegou como comida de rua, mas logo ganhou endereço fixo em São Paulo................15

Não havia como fazer pizza boa sem farinha de trigo de qualidade..............................29

Paulistana raiz – a pizza de massa fininha e muita cobertura......................................41

A pizza paulistana começa a se modificar – entra em cena a longa fermentação........53

Demorou, mas São Paulo finalmente se rendeu à pizza napolitana..............................65

Parece napolitana, mas não é – São Paulo abraça a pizza "neopolitana"....................77

Produto de exportação – a pizza paulistana viajou pelo Brasil e chegou à Europa......89

São Paulo e sua salada de pizzas...97

Passado, presente e futuro...107

Referências bibliográficas...126

Para Maria e Inês, por quem eu vivo

Para Caio, com quem quero dividir todas as pizzas da vida

APRESENTAÇÃO

Uma base de massa achatada. Sobre ela eram acomodados poucos e baratos ingredientes, como alho e gordura de porco. As versões mais incrementadas ganhavam peixinhos minúsculos, os chamados *cecenielli*, ervas ou pedaços de queijo. A pizza vendida nas ruas de Nápoles no século XVIII era comida dos pobres e demorou para ser reconhecida – e até mesmo consumida – pelas classes mais abastadas. Essa receita, que viajou para a América com os imigrantes do sul da Itália, hoje é considerada um símbolo da cultura italiana no mundo e tem a cara de São Paulo.

A história da pizza já foi contada por muitos, mas agora ela recebe o olhar cuidadoso da jornalista Flávia G. Pinho. Além de ser dona de um estilo de texto fluido, leve e gostoso, Flávia tem o compromisso com a informação bem apurada e azeitada. Com um poder de síntese notável, ela traz um conjunto de dados históricos abrangente, refazendo o percurso dos primeiros imigrantes italianos que chegaram à cidade de São Paulo e fizeram da culinária um vínculo perene com seu país de origem. O que teve início como uma manutenção das tradições alimentares e preservação da própria cultura, se abriu como um valioso veículo de comunicação e integração entre italianos e brasileiros.

Como resistir ao aroma que se desprende das fatias de pizza vendidas, inicialmente nas ruas da cidade e depois nos estabelecimentos abertos a partir do começo do século XX? São Paulo acolheu, abocanhou com vontade e tomou para si a receita de origem italiana. Assim, ancorada numa complexa trama histórica, pautada em predileções, ingredientes disponíveis e lentos processos de fusões, a pizza paulistana ganhou "outros sotaques", como bem afirma Flávia. Em território paulistano, árabes, espanhóis e portugueses também colocaram a mão na massa, ajudaram a afinar a espessura dos discos, aumentaram a quantidade de cobertura, acrescentaram outros produtos ao preparo e tiveram um papel fundamental na construção dos estilos dos discos de sucesso da cidade. Sim, são vários estilos, como você poderá comprovar nas próximas páginas.

E aí está a riqueza da cozinha que, de portas abertas e mesa posta para o convívio, proporciona o ambiente ideal para as trocas e a consequente criação de uma identidade culinária própria. Esse sincretismo que representa o fermento necessário para a diversidade não precisa ser visto como erva daninha ou uma ameaça à tradição. Ao contrário, pode ser o estímulo para voltar às raízes, ao ponto de partida. Prova disso é a Associazione Verace Pizza Napoletana (AVPN), fundada na Itália em 1984 com o objetivo de salvaguardar a receita tradicional italiana, cuja importância cultural foi reconhecida pela Unesco em 2017. Portanto, também servimos *la vera pizza napoletana* e ainda exportamos a pizza paulistana, que, por sua vez, vai ganhando novos contornos e coberturas mundo afora, capazes de surpreender até os mais criativos. Não vou dar *spoiler*, mas você encontra alguns exemplos no capítulo *São Paulo e sua salada de pizzas*.

Antes de qualquer julgamento, vale lembrar que a pizza é fruto da fusão de culturas desde a sua origem. O trigo e o azeite de oliva vieram do Oriente Médio, o manjericão, da Índia, e o tomate, que entrou depois, mas reina nas coberturas, é da América do Sul. Portanto, a base da massa pode ser comparada a uma tela em branco, que permite coberturas ao gosto do freguês. Dessa forma, a cidade criou seus clássicos, o seu modo de servir e o jeito de chegar até o cliente. Enquanto as padarias contribuíram para a popularidade da receita, cujas fatias vendidas no balcão são um recurso rápido e econômico para aplacar a fome, o delivery virou um negócio à parte e um símbolo de resistência nos momentos de crise.

Todos esses aspectos estão reunidos nas páginas a seguir, com uma organização cronológica importante para os estudiosos, fornecendo chaves que abrem possibilidades para reflexões e interpretações, sobretudo acerca de capítulos dessa história em que os registros se apagaram, junto com as memórias dos que se foram. Mas Flávia vai montando o disco por meio das correntes migratórias, contextos sociais e políticos, relatos de historiadores, referências bibliográficas, testemunhos de herdeiros que preservam as tradições dos seus antepassados e profissionais comprometidos com o presente e o futuro da pizza.

O resultado está aí, para ser apreciado deliciosamente, fatia a fatia. Por se tratar de uma história ainda em curso, é possível que você identifique símbolos que também fazem parte de sua trajetória de vida, lugares que foram cenário para celebrações especiais, encontros de família, de amigos. E outros que podem ser o destino da sua próxima pizza.

Silvana Azevedo
Jornalista e pesquisadora

SÃO PAULO COMEÇA E TERMINA EM PIZZA

Logo no comecinho do século XX, quando os imigrantes italianos produziram em São Paulo os primeiros discos de massa que já eram populares em Nápoles, a cidade mais italiana do Brasil se apropriou da receita e a transformou em sua. Ao longo das décadas seguintes, a fartura de alguns ingredientes e a carência de outros, somadas aos recursos precários disponíveis na cidade – a inexistência de fornos apropriados, por exemplo –, foram moldando uma identidade muito própria, reconhecida até mesmo fora do país: a pizza paulistana. São Paulo se considera tão dona da pizza que criou uma data para celebrá-la, diferente das outras que vigoram no resto do mundo. Enquanto a Giornata Mondiale della Pizza é comemorada em 17 de janeiro, dia de Sant'Antonio Abate, padroeiro dos pizzaiolos, os paulistanos comemoram o Dia da Pizza em 10 de julho, conforme instituiu a Secretaria Municipal de Turismo, em 1985. Já nos Estados Unidos, maior país consumidor desse alimento no planeta, o National Pizza Day é comemorado em 9 de fevereiro.

Tudo que o paulistano conhecia sobre pizza, no entanto, começou a virar do avesso a partir de 2010. A mudança começou quando a Associazione Verace Pizza Napoletana (AVNP), sediada na Itália, conferiu à Speranza, uma das mais tradicionais pizzarias da cidade, o primeiro certificado de autenticidade conquistado por uma pizzaria latino-americana. Na imprensa, o estardalhaço foi grande, mas o público reagiu com certa desconfiança – a cidade que sempre amou a massa fina e crocante, com muito queijo e cobertura farta de ingredientes, torceu o nariz para aquele novo conceito importado de Nápoles, caracterizado pelos discos elásticos de bordas altas, sobre os quais não sobra molho nem queijo. Polêmicas à parte, o fato é que, depois que a família Tarallo pendurou aquele diploma na parede, as pizzarias paulistanas nunca mais foram as mesmas.

Com o passar do tempo, o estilo napolitano (certificado ou não) se consolidou, formou seu fã-clube e fez a fama de algumas das mais premiadas pizzarias de São Paulo. Simultaneamente, outros estilos desembarcaram por aqui – e o paulistano, sempre movido a novidades, foi acolhendo todos eles, com maior ou menor apetite. Surgiram balcões de pizzas romanas vendidas *al taglio*, aos pedaços, e representantes da gorducha *deep dish*, típica de Chicago. Os discos tradicionais não sumiram do mapa, pelo contrário. São eles que ainda imperam nos cardápios de algumas casas tradicionais e nas pizzarias de bairro, e todas as noites recheiam as mochilas de legiões de motoboys responsáveis por inúmeros serviços de delivery.

O paulistano também tem apego por suas coberturas favoritas. Pergunte aos pizzaiolos dos bairros nobres e novidadeiros da capital, como Pinheiros, Jardim Paulista e Itaim Bibi, qual é a preferida de seus clientes – a resposta será, quase sempre, a *margherita*. Esse talvez seja um dos efeitos colaterais da chegada da pizza napolitana a São Paulo: a mistura aleatória de ingredientes passou a ser associada a um gosto mais popular. Mas a verdade é que o público, nesses redutos ou fora deles, continua louco pela pizza de frango com Catupiry e pela portuguesa, cuja combinação de presunto, ovos, cebola e ervilhas pode ganhar reforços, como milho e pimentão. São duas coberturas que fazem qualquer italiano torcer o nariz, mas nasceram na cidade (até que se prove o contrário) e, mesmo fora de moda, compõem a identidade do que se convencionou classificar como pizza paulistana. Esse estilo virou até produto de exportação. Viajou para outras cidades paulistas, ganhou estados de norte a sul do país e, quem diria, cruzou as fronteiras do Brasil.

Compreender como se formou essa identidade não é tarefa simples, já que faltam registros que embasem qualquer linha de raciocínio minimamente consistente. Nos livros que tratam da imigração italiana e relatam as profundas transformações que os *oriundi* impuseram à cidade de São Paulo, menções à alimentação quase sempre se resumem a uma linha, uma frase. O mesmo se observa nos livros sobre a história da capital paulista – é como se os hábitos alimentares de um povo fossem assunto de segunda classe. Não há, portanto, outro meio de se contar a trajetória da pizza paulistana senão colando fatias.

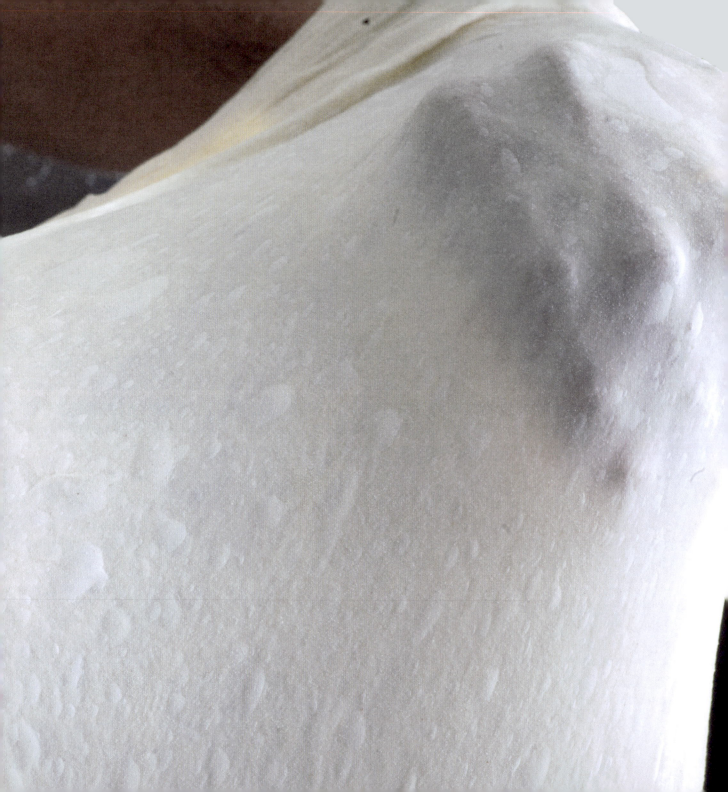

FATIAS DE HISTÓRIA

- O homem começou a fazer as primeiras massas assim que deixou de ser caçador para cultivar cereais. Duros, eles precisavam ser moídos e misturados à água para que pudessem ser cozidos. Dessas papas primitivas vieram os primeiros pães, mas foi só no Egito Antigo que se dominaram as técnicas da fermentação e da fabricação de fornos.

- No livro *La pizza – il piatto, la leggenda*, Rosario Buonassisi atesta que havia antepassados da pizza entre os romanos e gregos. Mas a receita mais próxima da que conhecemos, porém, é obra dos napolitanos. Em torno do ano 1000, eles já davam o nome de *picea* aos discos de massa com ingredientes por cima.

- A pizza não nasceu em berço de ouro. Na Nápoles oitocentista, era comida de rua, restrita ao consumo pela classe operária. Ela só chegou à mesa dos nobres em 1889, quando o rei Umberto I e sua mulher, rainha Margherita, visitaram Nápoles. Para agradar os monarcas, Raffaele Esposito, que havia fundado a pizzaria Brandi em 1780 e tinha fama de ser o melhor pizzaiolo da cidade, preparou mais de uma receita. Quais seriam, ninguém sabe ao certo, pois os historiadores divergem nesse ponto. Mas todos concordam que uma delas levava molho de tomate, muçarela e folhas de manjericão fresco – receita, aliás, que Esposito não inventou, pois já existia em outras casas da cidade. Preferida pela rainha, acabou recebendo seu nome e virando símbolo das cores da bandeira italiana.

A PIZZA CHEGOU COMO COMIDA DE RUA, MAS LOGO GANHOU ENDEREÇO FIXO EM SÃO PAULO

Não se sabe o dia exato em que o primeiro italiano entrou em um navio para cruzar o Atlântico e chegar a São Paulo. Sabe-se apenas que, a partir da inauguração da Hospedaria dos Imigrantes, em 1888, a imigração tornou-se um fenômeno de massa – estima-se que entre 800 mil e 1 milhão de italianos tenham registrado sua entrada no estado. Mas eles já estavam por aqui bem antes. Segundo o historiador Henrique Trindade Abreu, pesquisador do Museu da Imigração do Estado de São Paulo, havia outras hospedarias improvisadas na cidade, funcionando em casas adaptadas. Uma das mais conhecidas ficava no bairro do Bom Retiro e acolhia italianos desde, pelo menos, 1882.

Conhecer os portos de origem desses italianos é fundamental para compreender os hábitos alimentares que eles trouxeram na bagagem. Até 1902, de acordo com Abreu, a maioria vinha do norte da Itália, de regiões rurais extremamente pobres, como Vêneto, Friuli e Lombardia, onde a polenta, quase sempre pura, era o prato de subsistência. Sua vinda para o Brasil era subsidiada pelo governo paulista, que oferecia passagens de trem e de navio para famílias inteiras, cobradas posteriormente com juros. Já chegavam, portanto, endividados. "Eram pessoas consideradas mais dóceis, porque estavam realmente morrendo de fome. Como se mostravam mais propensas a trabalhar no campo, foram encaminhadas às lavouras de cidades do interior, como São Simão, Ribeirão Preto e a região da Mogiana Paulista", diz o historiador.

Conforme os primeiros contratos iam vencendo, parte dessas famílias pioneiras preferiu deixar as lavouras e se transferir para a capital, em busca de melhores oportunidades. Bairros como Brás, Bela Vista e Mooca incharam em curto período de tempo. Autor de *Retalhos da Velha São Paulo*,

Fundada em 1738, em Nápoles, a Antica Pizzeria e Ristorante Port'Alba foi uma das primeiras da história e começou como uma banca, que vendia pizzas na calçada. A casa segue em funcionamento no centro histórico da cidade.

A partir de 1888, a imigração tornou-se fenômeno de massa: entre 800 mil e 1 milhão de italianos entraram em São Paulo.

Geraldo Sesso Junior relata que a população do Brás pulou de 6 mil habitantes, em 1886, para 32.387, apenas sete anos depois. Não por acaso, o idioma italiano chegou a ser mais falado do que o português na região central paulistana. No entanto, a fisionomia do bairro permanecia rural – nas ruas de terra batida, iluminadas por lampiões a gás, eram raras as casas comerciais.

A partir de março de 1902, o cenário começou a mudar. Diante das notícias que chegavam à Itália, dando conta das terríveis condições de endividamento daqueles primeiros imigrantes encaminhados às lavouras, o ministro do Exterior da Itália, Giulio Prinetti, proibiu em caráter definitivo as viagens subsidiadas, provocando assim uma modificação importante no fluxo migratório. Quem passou a encher os navios foram os italianos do sul, os ruidosos calabreses, napolitanos e sicilianos, que geralmente tinham condições financeiras melhores e conseguiam custear a própria viagem. Muitos deles vinham sozinhos, sem a companhia de familiares. Com fama de rebeldes e encrenqueiros, preferiam a vida urbana à rural, apreciavam as atividades do comércio e, consequentemente, se instalaram na capital. "Os que não foram trabalhar nas fábricas abriram pequenas lojinhas ou levaram a vida como mascates, vendendo mercadorias de porta em porta", diz Abreu. Foram eles que, rapidamente, mudaram as feições de São Paulo – alegres, barulhentos e reclamões, organizaram os primeiros movimentos trabalhistas, passaram a realizar aqui suas festas populares de cunho religioso e disseminaram várias de suas tradições gastronômicas. Entre elas estava a pizza.

Não é que todos os italianos do sul conhecessem e apreciassem os discos de massa cobertos com

"Todo passageiro de 3ª classe, agricultor, artista ou jornaleiro que desembarcar no porto de Santos e queira estabelecer-se no interior do Estado de São Paulo, tem direito ao transporte gratuito em estrada de ferro para si, sua família e bagagem. O mesmo poderá ter hospedagem gratuita por 6 dias, se quiser, durante os quais lhe será facilitada colocação, de acordo com a sua profissão, caso não tenha destino certo. Antes do desembarque, os passageiros e imigrantes serão atendidos pelo empregado da Imigração, que se encontrará a bordo, e depois do desembarque serão atendidos na Inspetoria de Imigração, que se acha em frente ao armazém número 4 do porto."

Texto extraído de folheto, em quatro idiomas – português, espanhol, italiano e alemão –, distribuído a bordo dos navios vindos da Europa. Fonte: *Retalhos da Velha São Paulo*, de Geraldo Sesso Junior

molho de tomate. Até o primeiro terço do século XX, mesmo na Itália, o hábito de comer pizza permaneceu praticamente restrito a Nápoles – para se ter uma ideia, a primeira pizzaria de Milão foi inaugurada somente em 1929. Já a cidade portuária tinha suas pizzarias desde o século XVIII, algumas delas com mesas para consumo no local, e chegou a ter pouco mais de cem estabelecimentos no século seguinte. No segundo volume da obra *Usi e costumi di Napoli e contorni* ("Usos e costumes de Nápoles e arredores"), de 1866, o autor Francesco de Bourcard conta que os discos eram assados e consumidos desde as primeiras horas da manhã, em estabelecimentos bem simples e pobres, frequentados por operários e boêmios. Na cobertura, valiam os ingredientes que não fossem caros e estivessem à mão: alho, toucinho, queijo *caciocavallo*, manjericão, aliche e até peixinhos fritos. Interessante notar que Bourcard se preocupou em explicar o que era uma pizza, prova de que, mesmo no século XIX, ainda não se tratava de um alimento amplamente conhecido.

Até o século XVIII, a palavra "pizzaiuolo" servia para designar tanto o lugar quanto o profissional que fazia pizzas – a classificação pizzaria, ou *pizzerie* em italiano, só surgiu no século seguinte. E, durante muito tempo, os pizzaiolos napolitanos estiveram no fim da escala social, à frente apenas de ladrões, desocupados e mendigos. Por ser um alimento barato, substancioso e prático, fácil de comer em trânsito, sem necessidade

Em Nápoles, pizza era comida de rua, sempre barata, vendida também por ambulantes, que levavam os discos em estufas de cobre. Esta foi a primeira roupagem da pizza também em São Paulo.

"O pizzaiolo iniciava o trabalho ao nascer do sol. Na realidade, o preparo da massa começava um dia antes: então se usava somente o fermento natural, feito de uma certa quantidade de massa do dia anterior. A habilidade do pizzaiolo consistia em dosar corretamente a quantidade necessária para fermentar a massa que seria servida no dia seguinte. Não havia receita a seguir, tudo se baseava na sua habilidade e experiência."

Antonio Mattozzi, em *Una storia napoletana – Pizzerie e pizzaiuoli tra sette e ottocento*

Giovanni Tussato (terceiro a partir da esquerda) e funcionários da Cantina Celeste.
Ao lado, seu filho, Sócrates Tussato.

de prato ou talheres, a pizza era também vendida nas ruas por ambulantes – e foi essa a primeira roupagem da pizza em solo paulistano. Era comida de rua, oferecida nos bairros operários, diante das fábricas, e nos eventos esportivos do Parque da Antarctica Paulista. Inaugurado em 1902 pela Companhia Antarctica Paulista, o espaço era a maior praça de esportes de São Paulo. Abrigava os mais importantes jogos de futebol da cidade, foi ponto de partida da primeira corrida de automóveis realizada no Brasil, em 1908, e tornou-se campo (ainda alugado) do time *Palestra Italia* em 1917 (aquele que viria a ser, posteriormente, o Palmeiras) – ponto de convergência, portanto, da comunidade italiana residente na cidade.

    Quando chegaram a São Paulo, os napolitanos, naturalmente, tentaram reproduzir o costume de comer pizza para matar a saudade de casa e, ao mesmo tempo, driblar a falta de recursos para adquirir refeições mais elaboradas. Mas quantos, entre todos os que migraram, deviam saber fazer pizza? Mesmo em Nápoles, as casas em que a classe trabalhadora morava eram precárias – naquele cenário, ter uma cozinha era raro e dispor de um forno, um luxo impensável. Na opinião do pizzaiolo André Guidon, proprietário da pizzaria Leggera e representante da Associazione Verace Pizza Napoletana no Brasil, os primeiros discos assados em São Paulo deviam ficar longe do resultado original. "Os italianos que vieram para cá começaram a fazer pizza como podiam, sem conhecer bem a receita e a técnica, com base na lembrança do que haviam comido na Itália. Não tinham bons ingredientes à disposição e usavam fornos maiores, feitos para assar pão, que nunca atingiam a temperatura certa."

Reza a lenda que o italiano Carmino Corvino, conhecido como Dom Carmeniclo, foi um dos primeiros a vender pizza pelas ruas de São Paulo, cidade para a qual migrou, vindo de Salerno, em 1897. Como conta o jornalista J. A. Dias Lopes em uma de suas colunas, publicada em julho de 2018 pelo caderno Paladar, do jornal *O Estado de S. Paulo*, o imigrante de temperamento expansivo assava as pizzas em casa e as transportava em um tambor portátil, com carvão em brasa no fundo, como ainda fazem os vendedores ambulantes de amendoim.

História parecida contava Giovanni Tussato Neto, cujo avô deixou a cidade italiana de Lucca, na região da Toscana, na década de 1910. Após breve experiência trabalhando em ferrovias do interior do estado, o imigrante instalou-se na capital, onde se casou com Celestina e inaugurou uma pensão, em 1917. Para complementar a renda, o casal assava pizzas e as vendia nas ruas do Pari, bairro com grande concentração de indústrias e, portanto, com farta mão de obra imigrante.

"O 'pizzaiolo' trazia as 'pizzas' numa enorme lata redonda, do formato das mesmas. Fazia-lhes um corte em cruz, partindo-as em quatro pedaços, que eram vendidos a 200 réis cada um. Depois, continuava seu itinerário aos berros: – Ó pizzaiolo, é cávora! Alitche e pomarola!"

Jacob Penteado, em *Belenzinho, 1910 – Retrato de uma época*

"Os adultos, minha avó e meu avô, preparavam as pizzas para que os filhos as vendessem nas ruas. O Pari tinha muitas fábricas, e o pessoal precisava de comida barata para almoçar. Meu pai contava que eles chamavam a atenção do público usando aquele instrumento de madeira que os vendedores de biju ainda usam e gritavam 'Uê, a pizza angaba!' Havia um braseiro embaixo e papel de pão era usado como guardanapo. A massa era grossa, com pouca quantidade de molho e cobertura, e só faziam dois sabores, aliche e muçarela."

Giovanni Tussato Neto, da Babbo Giovanni

A Jardim de Napoli nasceu como pizzaria improvisada no quintal do napolitano Francesco Buonerba. Virou cantina e manteve as pizzas no cardápio até 2021, sob os cuidados do pizzaiolo Clovis Porfírio de Lima.

Ambos fizeram história. Por volta de 1910, com as economias que conseguiu juntar vendendo pizzas pelas ruas, Dom Carmenielo inaugurou a Santa Genoveva, uma das primeiras "casas de pasto" paulistanas – assim eram chamados os precursores dos restaurantes. Localizada no Brás, na esquina da Avenida Rangel Pestana com a Rua Monsenhor Anacleto, a casa foi um animado ponto de encontro da colônia italiana até a morte de Dom Carmenielo, em fevereiro de 1943. O proprietário gostava de entoar canções italianas quando acolhia os conterrâneos com pizzas e vinho.

O caminho de Giovanni Tussato foi outro. Nos anos 1920, suas pizzas chamaram a atenção dos irmãos João e Carmine Eugênio Donato, que inauguravam a Pizzaria Castelões e precisavam de um ajudante experiente. Anos depois, ele partiu para um empreendimento próprio, que mudou de nome, endereço e perfil ao longo dos anos: a Cantina Celeste, aberta nos anos 1930 na Avenida Brigadeiro Luís Antônio, mudou-se para a Vila Mariana na década de 1970, onde cerrou as portas em 1982. Nesse mesmo ano, Tussato abriu a Pizzaria Mamma Celeste, na Alameda Santos, mas uma briga entre sócios minou o negócio. Dois anos depois, em 1984, seus herdeiros inauguraram, na Rua Bela Cintra, a Babbo Giovanni – que segue em atividade, mas repaginada como rede de franquias.

Também faz parte da história das pizzarias paulistanas o Jardim de Napoli, que se transformou em cantina, mas nasceu no forno de pizza. Morador da Aclimação, o marceneiro napolitano Francesco Buonerba assou os primeiros discos, preparados pela mulher, Maria Prezioso, para reforçar a renda familiar. A vizinhança compunha

"Éramos só quatro na cozinha: eu, Tonico, Virgílio e Tatu, um japonês. Batíamos a massa à mão, todos os dias, e Tonico abria os discos com uma garrafa de água tônica, nunca usava rolo de macarrão. Chegamos a fazer 270 pizzas em uma noite. Não tinha delivery, o pessoal vinha buscar as pizzas para viagem. Meia aliche, meia muçarela era a tradição, nem precisava escrever o pedido. As comandas tinham só um círculo desenhado: se ninguém riscasse nada, era muçarela. Se fizesse um risco no meio, era mezzo a mezzo."

Adolfo Scardovelli, do Jardim de Napoli

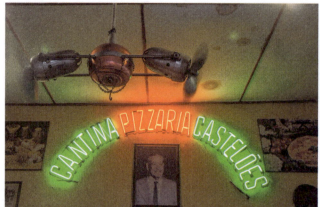

O tempo passou, mas só do lado de fora da pizzaria Castelões. Dentro do imóvel, no Brás, Fabio Donato mantém as coisas como foram deixadas por seu avô.

a clientela da pizzaria improvisada no quintal, e o filho do casal, Antonio (Tonico) Buonerba, fazia as entregas a pé. Deu tão certo que o improviso virou negócio oficial em fevereiro de 1949, na Rua Maria Paula, na Bela Vista. A placa na porta, "Cantina e Pizzeria Jardim de Napoli", indicava uma cozinha mais variada, mas as pizzas assadas em forno a lenha eram o carro-chefe – e continuaram a ser quando a casa se mudou para um imóvel maior, na Rua Martinico Prado, em Santa Cecília, em 1968, onde permanece sob administração dos herdeiros de Tonico, que faleceu em 2018. Contemporâneo dele, o gerente Adolfo Scardovelli chegou a casa ainda criança, acompanhando a mãe, Leonor, primeira funcionária contratada que não pertencia à família. Passava as tardes na cozinha, depois da escola, ajudando a enxugar a louça e descascar legumes. Scardovelli teve a carteira de trabalho assinada em 1969 e viu de perto a transformação do restaurante, que pôs as pizzas em segundo plano após a criação do *polpetone*, em 1970.

De todos os estabelecimentos da primeira geração, só a Castelões mantém-se em funcionamento no formato original. Administrada por Fabio Donato, neto de um dos fundadores, resiste no mesmo endereço do Brás, a despeito da deterioração urbana da vizinhança e do deslocamento da clientela para outras regiões da cidade. Se o bairro se modificou completamente ao longo de nove décadas, o mesmo não ocorreu no salão – em 1936, a Castelões incorporou o imóvel ao lado, para só remover a parede que os dividia doze anos depois. Desde então, nada mudou, pelo menos no que diz respeito à decoração. Já nos bastidores, a transformação foi radical. Ao assumir a cozinha, no começo dos anos 1990, Fabio Donato tomou consciência das limitações técnicas que ele e seus concorrentes enfrentavam. O principal problema se chamava farinha de trigo.

CANTINA

Don V

Castelões

anti

ncenzo

NÃO HAVIA COMO FAZER PIZZA BOA SEM FARINHA DE TRIGO DE QUALIDADE

Todas as tentativas de cultivar trigo no Brasil em larga escala, até os anos 1940, fracassaram. A primeira se deu ainda em 1534, quando Martim Afonso de Sousa desembarcou no litoral paulista trazendo as primeiras sementes na mala – elas chegaram a brotar e florescer, mas as espigas não produziram grãos, experiência que se repetiu inúmeras vezes ao longo dos séculos seguintes. Os que chegaram mais perto do sucesso, entre os séculos XVIII e XIX, foram os imigrantes europeus que se instalaram na Região Sul. Ali, no entanto, a produção permaneceu limitada ao consumo local e mal dava para alimentar os moinhos movidos a rodas d'água. Enquanto isso, o restante do país continuava na total dependência das importações.

Fundado em agosto de 1887 por decreto assinado pela princesa Isabel, o Moinho Fluminense, primeiro de perfil industrial do país, ficava no bairro carioca da Saúde e recebia matéria-prima dos Estados Unidos, Nova Zelândia, norte da Europa, Argentina e Uruguai – em 1914, a empresa foi adquirida pela companhia holandesa Bunge, que já tinha participação em outro empreendimento similar pioneiro, o Moinho Santista, inaugurado em 1905, em Santos, litoral paulista.

O trigo que alimentava os moinhos industriais brasileiros era de péssima qualidade. Mal acondicionados nos porões dos navios, sem qualquer controle de temperatura ou umidade, os grãos enfrentavam longas jornadas até desembarcar nos portos. Muitas vezes chegavam mofados e rançosos, para desgosto dos imigrantes que tentavam matar a saudade das pizzas que conheciam. A massa ficava pesada, dura, de coloração escura e sabor bem distante do gosto do trigo.

O Brasil não produziu farinha de trigo de qualidade até 1990. As políticas protecionistas, lançadas na tentativa de estimular a agricultura nacional, tinham apenas o objetivo de garantir

Fundado em 1887 no Rio de Janeiro, o Moinho Fluminense foi o primeiro de perfil industrial do país – na imagem, um dos depósitos do moinho em Juiz de Fora (MG), em 1946. Abaixo, sacas de farinha de trigo sendo transportadas no Moinho Santista, em 1955.
Fotos: Acervo Centro de Memória Bunge

grandes volumes de produção. Qualidade era assunto fora da pauta. O primeiro presidente bem-intencionado a colaborar para mudar esse quadro foi Getúlio Vargas, que exigiu que pelo menos metade do trigo consumido pelos moinhos brasileiros fosse cultivado no país. Mais tarde, nos anos 1960, o regime militar foi além e instituiu o monopólio estatal da comercialização do trigo – cabia exclusivamente ao Banco do Brasil comprar todas as safras do grão e repassá-las aos moinhos, a preço subsidiado. O trigo brasileiro tinha prioridade e a produção de outros países só entrava em jogo quando faltava o produto. O resultado foi um crescimento expressivo das lavouras nacionais, mas os produtores não tinham nenhum estímulo para aprimorar a qualidade. Nem era preciso, pois a venda era garantida.

Foi somente a partir de 1990, quando o governo deixou de regular o mercado, que a indústria passou a escolher onde queria comprar a matéria-prima. A medida proporcionou efeitos imediatos no campo – onde os agricultores foram obrigados a aprimorar as lavouras – e nos próprios moinhos, que passaram a investir em tecnologia para fabricar farinhas de melhor qualidade. O setor de panificação e o consumo doméstico, porém, foram os únicos focos da indústria moageira por mais uma década – até que o Moinho Anaconda enxergou o potencial gigante das pizzarias.

Fundado em 1951 pelo imigrante português João Martins, na zona oeste paulistana, o moinho já produzia uma farinha de trigo *premium* nos anos 1990. O departamento comercial notou que as pizzarias eram clientes fiéis. Havia espaço, portanto, para um produto específico para esse nicho. Lançada no início dos anos 2000, a farinha Anaconda

"A massa de pizza era horrível. Meu avô contava que, quando faltava farinha, os italianos moíam macarrão para fazer a massa. Com a inauguração dos primeiros moinhos, a situação melhorou, mas a matéria-prima ainda era ruim. Quando dou cursos, ofereço uma prova de massa como era no passado. Para simular o resultado, uso uma farinha de trigo que guardo sem cuidado algum por até quatro meses."
Fabio Donato, da Pizzaria Castelões

"As pizzas da Speranza sempre foram grossas, com borda alta, mas sem alvéolos. Não havia variedade de farinha para escolher. O produto passava meses no porão dos navios, no porto, a 30 °C. O jeito era usar o que havia. As pessoas gostavam – quantos clientes, naquele tempo, tinham oportunidade de ir a Nápoles e provar algo melhor?"
Francesco Tarallo, da Pizzaria Speranza

O Moinho Anaconda enxergou o potencial de mercado das pizzarias e lançou as primeiras farinhas de trigo especiais para o setor, calibradas pelo sistema de engenharia de farinhas.

Pizza, em embalagem de 5 quilos, foi a primeira calibrada pelo sistema de engenharia de farinhas, que permite a produção de misturas mais uniformes, equilibradas de forma precisa, não importando a variação da matéria-prima. "Eu trabalhava na concorrência e morri de raiva", admite o gerente comercial da Anaconda, José Manuel Matos Coelho.

Na mesma época, começavam a ficar conhecidas em São Paulo as farinhas de trigo italianas do tipo 00, que passam por peneiras finíssimas e ainda trazem informações técnicas, como o teor de proteína – um dado valorizado por pizzaiolos e até então ignorado por aqui. Os primeiros pacotes vieram de maneira clandestina, nas malas de viajantes, que passaram a fazer experiências pontuais e elogiar os resultados. Confiante de que havia ali um novo nicho de mercado, em 2008 a importadora C-Trade Gourmet trouxe o primeiro lote de farinhas 00 do Mulino Caputo para São Paulo. Fundado em 1924, o moinho estava entre os mais prestigiados pelos pizzaiolos italianos. Mas, aqui, o produto encalhou. "Eu vendia para dois ou três restaurantes e o resto do estoque estragava. Ainda assim, ninguém comprava nossa farinha para usar na pizza, só nas receitas de massa fresca", lembra Mauro Clemente, sócio da importadora.

Clemente pôs o projeto na gaveta e só fez uma nova tentativa dois anos depois. Dessa vez, porém, apostou bem mais alto – montou um estande na feira Fispal 2010, um dos principais eventos do setor de alimentação, em São Paulo, para fazer o lançamento oficial. Mais maduro e informado, o mercado finalmente acolheu a farinha importada. A novidade foi festejada pela imprensa especializada e conquistou um primeiro cliente de peso: a rede de pizzarias Bráz, que já vinha usando a farinha 00 Caputo, com bons resultados, no Festival Fora de Série, realizado desde 2004.

O importador conta que o apoio da Bráz ajudou bastante na divulgação da marca em São Paulo, mas a venda em grande escala ainda patinava. "Eles bancaram mudar a massa em função da nossa farinha e acabaram influenciando outras pizzarias. Já com outros clientes, a aproximação era quase sempre um balde de água fria", revela. O preço do quilo, que equivalia a quase quatro vezes o valor pago pela farinha nacional, desestimulava os proprietários dos restaurantes. Os pizzaiolos não colaboravam – rejeitavam o produto, alegando que o resultado era praticamente o mesmo obtido com a farinha brasileira. Realmente não fazia diferença, pois a maioria dos profissionais desconhecia a técnica da longa fermentação.

A solução foi oferecer capacitação aos pizzaiolos: a C-Trade passou a organizar *workshops* nas feiras do setor, conduzidos por profissionais trazidos da Itália. Carlos Zoppetti, fundador do Instituto ConPizza e um dos mais requisitados consultores do setor, testemunhou a chegada dos italianos como cliente de primeira hora. "No Brasil, a gente comprava farinha de trigo pela marca, enquanto no resto do mundo o que importava era a ficha técnica do produto.

Francesco Tarallo, herdeiro da Speranza, fez parte da primeira turma do curso oferecido pela Associazione Verace Pizza Napoletana e foi o primeiro a obter a certificação em São Paulo.

Os moinhos italianos perceberam que havia um potencial enorme e desembarcaram na cidade para ensinar o processo todo, desde o começo. Sem dúvida, eles ajudaram a transformar o setor."

Foi também em 2010 que a Câmara Ítalo-Brasileira de Comércio e Indústria do Rio de Janeiro apresentou ao Brasil a Associazione Verace Pizza Napoletana (AVPN). A entidade havia sido fundada em junho de 1984, em Nápoles, com o objetivo de salvaguardar e difundir a receita tradicional mundo afora. Em São Paulo, o primeiro curso oferecido a pizzaiolos aconteceu na Castelões. Entre os poucos alunos, não mais do que meia dúzia, estava Francesco Tarallo, herdeiro da Speranza, que já pensava em se candidatar à certificação e foi o primeiro, em todo o país, a conquistar o selo.

Embora a certificação da AVPN nunca tenha sido um estouro de popularidade em São Paulo, por razões que veremos mais adiante, ela pôs o assunto na ordem do dia. Pela primeira vez na história, os pizzaiolos paulistanos foram provocados a olhar além dos próprios fornos. Ouviram falar que a pizza napolitana autêntica era mais leve, que não pesava no estômago, e não só porque a farinha de trigo era italiana. O que fazia diferença mesmo era a técnica.

O cenário começou a mudar de verdade em 2012, na avaliação de Zoppetti. Aquele foi o primeiro ano em que donos de várias pizzarias paulistanas saíram da própria bolha e se juntaram para visitar uma feira internacional do setor. Escolheram o National Restaurant Association Show, em Chicago, Estados Unidos, e começaram o *tour* pelo pavilhão de comida italiana. "Éramos catorze no grupo, e pelo menos dez não gostaram da pizza napolitana. Fizeram até piada com a massa mole e a falta de queijo", lembra Zoppetti.

Herdeiro da rede de pizzarias 1900, Erik Momo passou pela mesma experiência dois anos depois. Em 2014, ele integrou uma expedição à International Pizza Expo, em Los Angeles, Estados Unidos, organizada pelo Serviço Brasileiro de Apoio às Micro e Pequenas Empresas (Sebrae). Voltou com outra visão e deu início a um processo que transformaria não só a 1900, como também a concorrência.

Matriculado no curso Análise Técnica das Farinhas de Trigo, da Universidade de Campinas (SP), Momo analisou farinhas italianas e as comparou com os produtos fabricados no Brasil. Queria compreender o que as distinguia – e conseguiu. O estudo deu origem à palestra "Não é tudo farinha do mesmo saco", dirigida a pizzaiolos profissionais, e a um novo produto, desenvolvido em parceria com a indústria: a farinha Anaconda Pizza Longa Fermentação. Lançado em 2017 exclusivamente para o mercado de *food service*, em embalagens de 5 quilos, o produto custava mais do que a versão para pizzas de curta fermentação, mas tornou-se a menina dos olhos da Anaconda. Em apenas dois anos, segundo Valnei Origuela, diretor-presidente da empresa, as vendas triplicaram. Colaboraram para o

> "Os primeiros contatos entre pizzaiolos brasileiros e italianos não eram nada fáceis – e para ambos os lados. Lembro que os estrangeiros achavam tudo um horror. Não aguentavam saber que no Brasil se fazia massa de pizza com manteiga, óleo, azeite e até ovo."
> Mauro Clemente, C-Trade Gourmet

> "Durante muito tempo, os brasileiros não souberam abrir uma massa de pizza. O mercado disputava quem conquistava mais clientes colocando maior quantidade de cobertura. Era uma massa mal-elaborada, feita com equipamentos adaptados da panificação e da confeitaria, como a masseira basculante de dois braços, que rasga a massa, o que só é ideal para a produção de bolo. Usava-se fermentação muito curta, sem técnica alguma. Os pizzaiolos não sabiam a ordem certa de colocar os ingredientes e a reação que cada um deles provoca na massa."
> Carlos Zoppetti, do Instituto ConPizza

Na cozinha experimental do Moinho Anaconda, o pizzaiolo Adhemar Novaes da Silva testa a elasticidade da massa preparada com farinha própria para pizza de longa fermentação.

sucesso do produto a modinha da longa fermentação, que tomava conta de São Paulo, e o preço, bem mais atraente do que o das farinhas importadas.

Coube ao pizzaiolo Adhemar Novaes da Silva, responsável pela cozinha experimental do moinho desde 2002, conduzir testes constantes da Anaconda Pizza Longa Fermentação. Em sua geladeira repleta de potinhos plásticos convivem bolas de massa que fermentam por 24, 48 ou 72 horas. Sua intenção é conferir a formação de glúten e comparar a capacidade de cada receita de formar alvéolos. A massa precisa resistir ao manuseio sem se romper. Ao abrir a pizza com as mãos, Adhemar não esconde o orgulho – a massa parece uma renda, resultado que ele diz só alcançar com as farinhas Anaconda e a concorrente italiana Caputo.

A disponibilidade de boas farinhas de trigo mudou o setor. Mas nem por isso a pizza clássica, aquela de fermentação curta e massa bem fina, desapareceu do mapa – pelo contrário. Uma boa parcela dos paulistanos segue fiel à escola tradicional, fazendo com que diferentes estilos convivam na cidade mais italiana do Brasil. As pizzarias de São Paulo podem ser divididas em quatro grupos: as pizzarias paulistanas tradicionais, que resistem a incorporar novas técnicas; as que evoluíram tecnicamente e adotaram a longa fermentação, mas mantêm a identidade paulista; as napolitanas autênticas, que seguem as normas da AVPN; e as que se inspiram no conceito napolitano, mas subvertem regras com mais liberdade – sem contar as casas que abraçaram estilos diversos, um grupo com menos representantes na cidade. É dessa profusão de estilos que trataremos a seguir.

"Até 2014, eu cuidava do marketing da 1900 e achava que não precisava saber fazer pizza, desde que soubesse escolher bem os pizzaiolos. Só quando visitei a International Pizza Expo entendi que precisava me atualizar. Em 2015, quando revisitei a feira, comprei o livro *The Pizza Bible*, de Tony Gemignani, considerado um papa por pizzaiolos de todo o mundo, e li inteiro no voo. Já na introdução, enxerguei 90% do que precisava fazer. A fermentação longa faz a digestão por você, a pizza fica mais leve. Eu me matriculei então na Scuola Italiana Pizzaioli, em Caorle, norte da Itália, para me reconstruir. Foram cinco dias de aula, em outubro de 2015, que mudaram a minha vida e o destino da 1900. Nós já tínhamos sete lojas. Eu ligava para meu pai e dizia: 'Vou voltar e mudar tudo!' Foi uma negociação dificílima, porque a mudança começava pela farinha italiana, um produto que custava cinco vezes mais."
Erik Momo, da 1900 Pizzeria

Durante muito tempo, o trigo que alimentou os moinhos brasileiros foi de péssima qualidade. Chegava rançoso, dando origem a farinhas de trigo que não ajudavam no preparo de boas pizzas.

PAULISTANA RAIZ – A PIZZA DE MASSA FININHA E MUITA COBERTURA

Também conhecida como clássica ou tradicional, a pizza paulistana pode até ter nascido pelas mãos dos imigrantes italianos. Mas, ao longo das décadas seguintes, foi mudando de cara, se adaptando às circunstâncias e ganhando outros sotaques – não por acaso, ficou a cara de São Paulo.

A rede Camelo, uma das mais tradicionais da cidade, foi fundada em 1957, imagine só, por um imigrante árabe, e vendia homus, esfirras e quibes na vitrine do balcão. O endereço, na Rua Pamplona, no Jardim Paulista, era o mesmo que abrigaria a matriz nas décadas seguintes. Contratado como cozinheiro em 1962, José Antônio Barros de Macedo lembra que ali também se fazia pizza. "Mas era ruim e mal saía", entrega. Naquele mesmo ano, a Camelo foi vendida a um português, Manoel da Nóbrega, que não só manteve Antônio na cozinha como o promoveu a chef – sem imaginar que o funcionário mudaria para sempre a vocação da casa. "Assim que a família Nóbrega comprou o restaurante, passei a fazer a massa de pizza do meu jeito: farinha, fermento biológico fresco, água, sal e óleo de soja. Nunca mudei a receita", conta o decano.

Com sete unidades em São Paulo (uma delas exclusiva para entregas) e uma no Rio de Janeiro, a Camelo segue sob administração dos Nóbregas, já na quarta geração, e se mantém fiel à receita criada por Antônio. Sem dar bola para a idade avançada, o chef-executivo percorre todos os endereços paulistanos semanalmente, para garantir que sua cartilha seja seguida à risca. E não se dobra às novidades. Prefere a massa de fermentação curta, preparada diariamente às 16h, para que possa crescer até a abertura das portas, às 18h. Os discos bem fininhos, abertos com rolo, são assados por 3 minutos em forno a lenha, a 350 ºC. Não há economia de cobertura.

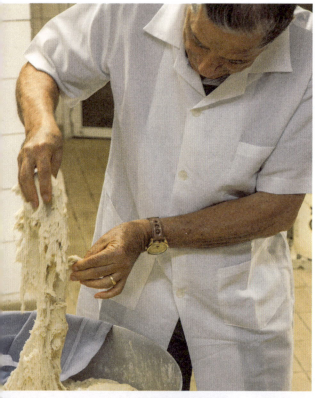
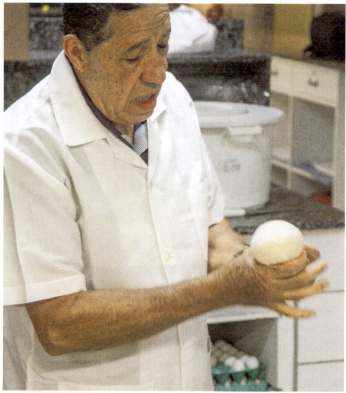

Chef-executivo da rede de pizzarias Camelo, José Antônio Barros de Macedo criou a receita da massa de pizza nos anos 1960 e não abre mão da fermentação rápida.

Das 45 listadas no menu, há invenções exóticas bem ao gosto paulistano, como a pizza de carpaccio com parmesão, alcaparras e rúcula.

Também não há sangue italiano na história da pizzaria Monte Verde, inaugurada em 1956. De origem espanhola, Aparecido Godoy trocou a paulista Águas de Lindoia pela capital dois anos antes, onde trabalhou como garçom até abrir a própria casa. "Ele escolheu o bairro do Bom Retiro porque, na época, tudo acontecia no centro. Como tinha sido garçom e maître em hotéis e cassinos importantes do interior, papai conhecia muitos políticos e quis ficar perto do Palácio dos Campos Elíseos, que era sede do governo estadual", conta Sandra Godoy Del Picchia Zanoni, filha do fundador. Segundo ela, Godoy foi o inventor da pizza ultrafina com textura de biscoito. Do extenso cardápio com 36 coberturas, uma das mais pedidas, segundo Sandra, é a pizza *caesar*, inspirada na *caesar salad* americana. Depois de assada só com muçarela de búfala, a pizza recebe cobertura de alface, bacon, parmesão e molho cremoso.

Outra rede que não arreda pé da tradição é a Zi Tereza di Napoli. Fundada em 1945 por uma certa Tia Tereza, que teria emigrado da cidade italiana, a rede mudou de mãos tantas vezes que detalhes importantes de sua história se perderam. Unidades abriram e fecharam ao longo das décadas e só restaram duas em São Paulo. Mas parte da trajetória ainda pode ser resgatada durante uma conversa com os funcionários mais antigos, como o masseiro Francisco das Chagas – ele garante que a receita é rigorosamente a mesma deixada por Tia Tereza. Preparada todos os dias, fermenta por duas a três horas e matura por mais três. O forno a lenha da unidade do Campo Belo, com mais

"Antes de abrir a Monte Verde, meu pai estudou o mercado paulistano de pizzarias e achou que não havia nada muito original. Para se diferenciar, inventou uma massa bem fina e crocante. Seus sócios na época diziam que era loucura, porque ninguém ia gostar daquela pizza, mas ele cozinhava bem e a ideia deu certo. Por ser muito bem relacionado, papai preparava banquetes no Palácio do Governo e convidava políticos importantes para que conhecessem a pizzaria. Assim o negócio foi acontecendo. As pessoas gostaram da massa crocante com muita cobertura, era mesmo uma novidade."

Sandra Godoy Del Picchia Zanoni,
da Pizzaria Monte Verde

Na Zi Tereza di Napoli, o masseiro Francisco das Chagas (à direita) abre os discos em quatro espessuras: a fina é a mais pedida e a papel, a mais trabalhosa.

de três décadas de uso, chega a 350 ºC e assa os discos em três minutos. Eles podem ser abertos em quatro diferentes espessuras: alta, média, fina (a mais pedida) e papel (a mais trabalhosa). "Quando alguém pede a pizza papel com muita cobertura, aviso logo que não posso fazer. Ela é tão fina que não aguenta o peso", diz o masseiro. À frente da Zi Tereza di Napoli desde 2012, Daniel Gomes Esteves diz que nunca se sentiu tentado a operar modificações na receita. Ele até fez o curso ministrado pela Scuola Italiana Pizzaioli em São Paulo, onde aprendeu a técnica da longa fermentação, mas só a pôs em prática alterando a receita do pão de calabresa, servido como entrada. "Faltou coragem para mexer na massa da pizza", confessa. Em compensação, inventar coberturas é com ele mesmo. A nórdica leva salmão defumado, Catupiry e alho-poró. A tio Sam mistura muçarela, *pepperoni*, *cream cheese* e cebola-roxa.

Assim como a massa fina, a mistura de ingredientes sempre foi uma das marcas registradas da pizza típica de São Paulo. "A mais vendida na cidade, que pode ser considerada a paulistana da gema, é a portuguesa de massa fina e borda baixa, com oito fatias, coberta com bastante presunto, ovo, cebola e muçarela", crava André Cotta, da Associação Pizzarias Unidas, entidade fundada em 2002. Entre os cerca de 400 estabelecimentos associados, fazem parte pizzarias com salão, as que trabalham exclusivamente com delivery, bufês especializados em pizzas e *food trucks*.

Se a portuguesa tem uma concorrente à altura em termos de popularidade, é sem dúvida a pizza de frango com Catupiry. Foi a própria fabricante do famoso requeijão cremoso, fundada em 1911 na mineira Lambari e radicada desde 1949 em São Paulo, que desenvolveu a receita para divulgar o produto, no final dos anos 1980.

A pizza de frango pode ter mudado o status do Catupiry no universo das pizzarias, mas o produto já era ingrediente das pizzas paulistanas muito antes disso. A herdeira da Monte Verde conta que, por estar a apenas algumas quadras da fábrica do requeijão, seu pai deve ter sido um dos primeiros a usá-lo nas coberturas. "Ele recebia as caixinhas na porta, com o produto ainda quente. No começo, salpicava pedacinhos nas pizzas, mas logo passou a colocá-lo dentro de um saco de confeiteiro, o que facilitava o manuseio. Só muito tempo depois a fábrica lançou a embalagem em bisnaga." Diversas opções da Monte Verde levam Catupiry – o requeijão cremoso aparece puro ou combinado com carne-seca, frango, milho, palmito, presunto cru, calabresa moída...

Importante ressaltar que, nas pizzas paulistanas, a sobreposição de ingredientes raramente implica a redução da quantidade de muçarela. Pelo contrário. Segundo Fabio Donato, proprietário da Castelões, o padrão na cidade é acomodar 450 gramas de cobertura sobre 300 gramas de massa, ou seja, uma vez e meia o peso do disco. "Na verdade, o pessoal come torta, não pizza", ironiza. Há quem exagere ainda mais – o consultor Wilson Ferreira, de Guarulhos, na Grande São Paulo, costuma ver por aí coberturas que representam três vezes o peso da massa. "O disco vira um *sousplat* que serve de suporte para tudo o que vem em cima", resume. Proprietário do Clube da Pizza, bufê

"Em 1987, quando o Catupiry era vendido somente nas embalagens de caixinhas de madeira, tivemos a ideia de desenvolver uma cobertura de pizza com frango desfiado e requeijão, porque a mistura já fazia sucesso em tortas e pastéis. Levamos a proposta à pizzaria Livorno, na Avenida Ibirapuera, e lá fizemos os primeiros testes. Não houve lançamento oficial, sempre divulgamos a marca no boca a boca, mas fez tanto sucesso que no ano seguinte lançamos o Catupiry em balde, embalagem exclusiva para restaurantes e pizzarias."

Fátima Araújo, diretora da Catupiry

que prepara pizzas em domicílio, ele oferece três variedades de receitas à clientela: pizza americana, de massa bem fofa e gorducha, inspirada nas redes de *fast food*; pizza napolitana, com massa elástica e bordas altas; e a clássica paulistana, disparado a mais pedida. E o que não pode faltar? Segundo Ferreira, pizza paulistana que se preza, seja qual for a cobertura, é sempre finalizada com azeitona. Não tem discussão.

A má qualidade da farinha de trigo pode ter contribuído de alguma forma para o excesso de cobertura que virou a marca registrada das pizzas paulistanas clássicas – é possível que os primeiros pizzaiolos da cidade tenham afinado os discos e carregado nos outros ingredientes para disfarçar a má qualidade da massa. Mas há quem enxergue outras razões. Italiano do sul e radicado desde 1989 em São Paulo, Raffaele Mostaccioli, responsável pelas pizzas da rede Bráz, relaciona o fenômeno à fartura que os imigrantes encontraram em São Paulo. "A maioria fugia da pobreza. Eles chegaram, descobriram ingredientes abundantes e passaram a usar maiores quantidades. O mesmo aconteceu nas cantinas, onde a fartura à disposição levou ao exagero dos molhos." Também italiano, Gerardo Landulfo, delegado da Accademia Italiana della Cucina em São Paulo, pensa diferente: "Questiono muito essa teoria. Quem passa pelas guerras adquire a cultura do não desperdício", argumenta. O pizzaiolo André Guidon, da Leggera, levanta outra hipótese. "A pizza paulistana tem tantos ingredientes porque, até meado do século XX, os donos das pizzarias não ficavam atrás do balcão. Os funcionários, que não conheciam a cultura napolitana, iam colocando as quantidades a seu gosto." O mais provável é que todos tenham um pouco de razão.

Alguns ingredientes entraram na receita da pizza paulistana por absoluta falta de recursos. Estranho aos italianos, o açúcar ajuda a massa a dourar com mais facilidade quando o forno não atinge a temperatura mínima adequada. "Acabou virando uma tradição e passou a ser a receita típica paulistana. A desvantagem é que a pizza sai crocante do forno, mas perde textura muito rápido", opina Wilson Ferreira. Também era difícil encontrar manjericão em São Paulo, fresco ou seco. O jeito foi adotar o orégano seco, erva que se tornou onipresente, não importa a combinação de ingredientes que estiver embaixo.

Até a borda recheada, outra invenção paulistana, surgiu em 1986 para disfarçar um problema – Rubens Augusto Junior, fundador da rede Patroni Pizza, que acumula mais de uma centena de lojas em quase todos os estados brasileiros, reivindica a criação e a explica. "Eu via que muitos clientes não comiam a borda e a mandavam de volta para a cozinha. Conversei com nosso pizzaiolo, pedi que abrisse mais o disco de massa, colocasse muçarela picada na beiradinha e fechasse a borda. Alguns anos depois, troquei a muçarela pelo Catupiry. Como a fábrica não tinha produto suficiente para todas as pizzarias da cidade, a gente entrava na fila, ainda de madrugada, para conseguir quatro baldinhos de requeijão por dia." Desde o comecinho, quando inaugurou a primeira unidade, no Paraíso, Rubens apostou também nas coberturas ousadas. Sua primeira criação, lançada na inauguração, foi a patroni – o disco de massa levava pasta de atum, muçarela, tomate, azeitonas e flores comestíveis. Já fora do menu, cedeu lugar a outras receitas igualmente corajosas, como a portuguesa carioca, que mistura muçarela, calabresa, ovos, pimentão, tomate picado, cebola, azeitonas e orégano.

Mas nem todas as invenções paulistanas surgiram para camuflar problemas. O molho de tomates frescos, por exemplo, é fruto da fartura à brasileira. Segundo Gerardo Landulfo, italianos sempre usaram tomate em conserva, um hábito imposto pelo clima europeu. "Era assim que faziam as famílias. Como não havia tomate o ano todo, em razão do inverno rigoroso, todo mundo fazia a conserva para durar ao longo de todas as estações." Quando chegaram ao Brasil, porém, os imigrantes se encantaram com a oferta de tomate nos 12 meses do ano e modificaram a receita – até porque os tomates pelados em lata demoraram um bocado para chegar aos nossos mercados. Décadas depois, o molho de tomates frescos, simplesmente processados e temperados com sal e orégano, segue sendo divulgado como um importante diferencial pelas casas que se mantêm fiéis à pizza paulistana tradicional.

Elas ainda são muitas. Há as veteranas, como a rede Paulino, de 1945, com várias unidades na cidade; a São Pedro, inaugurada em 1966, na Mooca; e a Pizzaria do Ângelo, no mesmo bairro, fundada em 1971. Outras vieram bem depois, como a Margherita, no Jardim Paulistano, e a Cristal, no Itaim Bibi, ambas de 1981.

"As azeitonas são obrigatórias nas cinco coberturas mais pedidas em São Paulo. Uma delas é a *margherita* ao estilo paulistano, bem diferente da receita tradicional napolitana. A nossa leva muçarela, rodelas de tomate e parmesão e, quando sai do forno, é finalizada com folhas de manjericão, azeitonas e orégano. Paulistano também adora muito queijo. A portuguesa original, inspirada na bacalhoada, só levava presunto picado, ovos cozidos, cebola e azeitonas, mas 90% das pizzarias já põem muçarela também."

Wilson Ferreira, consultor

O tempo passa e a pizza paulistana segue firme na preferência de um público cativo, a ponto de já ter uma representante bem jovem – a Onesttà, inaugurada em setembro de 2021. O proprietário, Fellipe Zanuto, é dono de outras duas pizzarias: a Pizza da Mooca, inspirada no estilo napolitano, e a Da Mooca Pizza Shop, especializada na pizza romana, vendida em fatias. O estilo paulistano foi o escolhido para o novo empreendimento, segundo ele, por ser sucesso garantido entre o público. "Percebi que muita gente ainda prefere a pizza crocante", explica. A massa passa por longa fermentação, mas rende discos bem fininhos, sob coberturas misturadas com a liberdade que os paulistanos tanto apreciam.

O sucesso que a pizza fininha ainda faz na cidade não impediu, contudo, o surgimento de outra importante categoria: a das pizzarias que mantêm a identidade paulistana, mas, nos últimos anos, colocaram a mão na massa com vontade e modificaram profundamente seus processos de produção para adotar a longa fermentação. É sobre elas o próximo capítulo.

Pizza fininha com muita cobertura, padrão paulistano raiz da Zi Tereza.

"Eu só fazia pizzas com bordas altas, mas o pessoal exigia massa fina e passei a ter as duas. Inventei cada pizza... Fiz algumas graças com *cream cheese*, com shitake, depois veio o tomate seco, o presunto cru, e fui acompanhando os modismos. Depois veio a variação de queijos, *brie*, *cheddar*. Mas já me pediram pizza de carne-seca, que me recusei a fazer."
Antônio Carlos de Toledo, o Esquerdinha, da Margherita Pizzeria

"Montei uma pizzaria onde ninguém precisa ter vergonha de pedir um sabor maluco – e há anos não me divertia tanto. Faço coberturas meio a meio até no tamanho broto, e três sabores na grande. Paulistano gosta de variar, reclamavam disso na Pizza da Mooca."
Fellipe Zanuto, da Onesttà

A PIZZA PAULISTANA COMEÇA A SE MODIFICAR – ENTRA EM CENA A LONGA FERMENTAÇÃO

Enquanto uma parcela das pizzarias paulistanas seguiu fiel aos processos tradicionais, sem abrir mão da massa fininha de fermentação curta, outro grupo decidiu encarar as mudanças impostas pelo mercado. O maior impulso pode ter sido a chegada oficial das farinhas de trigo italianas a São Paulo, mas o movimento começou antes, pelas mãos de alguns pizzaiolos mais aventureiros.

Um dos pioneiros foi o chef Hamilton Mellão, criador de uma das mais icônicas pizzarias de São Paulo – a I Vitelloni, no bairro de Pinheiros, que funcionou sob seus cuidados de 1985 a 2009. Além de ser um dos primeiros a adotar a massa de fermentação longa, Mellão inventou coberturas novidadeiras, que fizeram sucesso e viraram tendência. "O que havia naquela época eram as pizzas clássicas da Castelões, da Margherita, da Camelo, da Cristal. Todas faziam o básico com os ingredientes que a gente tinha. Era moda, por exemplo, a pizza havaí, com figo, pêssego e abacaxi em calda", ele lembra. A I Vitelloni fez história – nos tempos áureos, lá pelos anos 1990, sua pizzaria chegava a receber duzentas pessoas por noite e só cerrava as portas às 3h da madrugada.

Em 1991, Mellão ganhou uma concorrente de peso, que passou a disputar a mesma fatia de público – a Primo Basílico, localizada em uma das esquinas da Alameda Gabriel Monteiro da Silva, no Jardim Paulistano. O lugar pegou rápido. As filas de espera chegavam a três horas e os garçons precisavam usar um megafone para chamar os clientes da vez, tamanha a confusão que se formava na calçada. André (Deco) Lima, um dos sócios, entrega de onde veio a inspiração para a casa.

A pizza de abobrinha gratinada com queijo parmesão ralado, invenção de André Lima, virou um dos ícones da Bráz.

"Quem começou a mudar o setor foi o Hamilton Mellão, da I Vitelloni, e a gente veio na cola. Mudamos a cara das pizzas e dos salões, que passaram a ser mais informais, com a molecada atendendo."

Sete anos depois, em 1998, André Lima se associava aos proprietários do bar Original, em Moema, para de novo sacudir o mercado com a inauguração da primeira unidade da Bráz. A ideia era fugir do padrão "nome italiano e toalha xadrez" e juntar dois ícones da cidade sobre a mesma mesa: a pizza da Primo Basílico e o chope do Original. Sócio da Cia. Tradicional de Comércio, grupo ao qual pertence a Bráz, Edgard Bueno da Costa admite que o primeiro cardápio não primava pela originalidade. "Nós entramos no setor com oitenta anos de atraso e não sabíamos fazer pizza, por isso nos unimos à Primo Basílico. No começo, o menu era um *copy paste* do cardápio deles, com apenas algumas coberturas autorais." Uma delas, invenção de André Lima, iria se tornar um dos símbolos da Bráz: a pizza de abobrinha gratinada com parmesão.

Ao longo de seis anos, Lima se dividiu entre as duas casas, o que explica as semelhanças entre elas – ambas montam a pizza *caprese* da mesma forma, sobrepondo rodelas de tomate, muçarela de búfala e *pesto* de azeitonas pretas. Mas não demorou para que a Bráz assumisse identidade própria e passasse a flertar cada vez mais com a técnica napolitana, testando a receptividade do público (e recuando quando era preciso). Fermentada por mais tempo, a massa já dava origem a bordas generosas. A quantidade de cobertura nunca foi exagerada, o que deu certo, mas a tentativa de lançar pizzas individuais naufragou. Os primeiros festivais Fora de Série, realizados nos anos de 2004 e 2009 (outras sete edições vieram depois), também funcionaram como testes. Nessas ocasiões, a casa preparava pizzas especiais à base de ingredientes importados que não faziam parte da rotina, entre eles a farinha 00, versão mais fina do Mulino Caputo. Animados com a boa receptividade do público, os sócios decidiram pleitear a certificação da Associazione Verace Pizza Napoletana (AVPN) – e conseguiram. Só que durante dois anos, de 2011 a 2013, as pizzas certificadas conviveram com o menu regular, o que é proibido pela associação. Ao final, a Bráz perdeu o selo.

Mesmo sem o selo AVPN, os sócios da Bráz continuaram investindo no aprimoramento das pizzas. O processo tomou novo impulso em 2014, quando o italiano Raffaele Mostaccioli foi contratado como consultor do Festival Fora de Série – a rede queria lançar a massa de fermentação natural durante o evento. Experiência no assunto ele tinha de sobra. Quarta geração de uma família de padeiros e pizzaiolos, neto de dono de moinho, Mostaccioli já adotava o fermento natural nas suas pizzas

"Eu fazia pizzas de espessura média, com borda grande, como manda a tradição napolitana, mas a pizza paulistana sempre teve uma cara diferente. A gente não se preocupava tanto com a crocância e fazia molho de tomate moído com sal, pimenta e orégano fresco, enquanto os italianos usavam tomate pelado em lata.
E exagerava nas coberturas.
Lancei a pizza de rúcula com tomate seco, que explodiu porque não era comum. Também criei a de abobrinha com Polenguinho e a de canoas de endívia com queijo *brie* dentro.
Para comprar ingredientes como shimeji, shitake e aspargos frescos era preciso ir até o produtor.
Minha clientela aceitava muito bem as novidades. Foi um período glorioso, que só perdeu a graça quando apareceram grupos maiores e bem administrados."

Hamilton Mellão, proprietário da extinta pizzaria I Vitelloni

Sob a supervisão do italiano Raffaele Mostaccioli, cada unidade da Bráz produz diariamente a própria massa de pizza.

desde 2012, no extinto restaurante Girarrosto. "Na época, poucas pizzarias adotavam a técnica na Itália, e não havia nenhuma aqui. A Bráz estava em um patamar acima, porque já deixava a massa maturar por 24 horas, mas ainda usava fermento biológico, como todas as outras pizzarias de São Paulo", lembra. Deu tão certo que, ao final do festival, o italiano foi contratado para converter toda a produção. O processo de implantação do fermento natural durou sete meses, porque foi realizado em uma filial por vez. "Como eu não podia botar as pizzarias de pernas para o ar, tive de ensinar a receita e treinar as equipes sem atrapalhar as rotinas estabelecidas", ele explica.

Cada uma das unidades da Bráz, incluindo a de Campinas e a do Rio de Janeiro, produz a própria massa e cuida do seu fermento, de acordo com as regras impostas por Mostaccioli. Ele não faz segredo da receita: "A massa clássica é resultado de um *blend* de quatro farinhas de trigo. Uso a italiana Caputo, a nacional Anaconda, uma integral artesanal, de moinho de pedra, e uma de centeio." Abertos à mão, sem uso de rolo, os discos têm 35 centímetros de diâmetro, a medida padrão preferida pelos paulistanos, e ganham bordas altas no forno. A cobertura *caprese*, aquela "emprestada" da Primo Basílico, é a mais pedida, seguida de perto pela pizza de abobrinha e pela castelões, que mescla muçarela e calabresa. No quesito massa, volta e meia tem novidade. Depois de criar a pizza 100% integral, à base de farinha italiana de moinho, Mostaccioli inventou a nuvola, com maior teor de hidratação, que leva 48 horas para ficar pronta e resulta em uma massa bem leve e alveolada. "Adoro botar a mão na massa e inventar coisas diferentes, sempre pensando na saudabilidade e na beleza da massa", recita. Em 2021, o guia italiano *50 Top Pizza* elegeu a Bráz como a sétima melhor rede de pizzarias artesanais do mundo.

Para Edgard Bueno da Costa, a pizza da Bráz sempre foi a mais perfeita tradução de São Paulo. Tanto que, originalmente, a casa se chamava Bráz Pizza Paulistana – o sobrenome só foi removido em 2007, quando a marca desembarcou no Rio de Janeiro, para que o carioca não rejeitasse a casa. Nem o próprio Mostaccioli, com seu sotaque italiano carregado, recusa o rótulo paulistano. "Quando preparada sem excessos, respeitando-se o processo, a fermentação e a cocção corretos, a pizza paulistana não deve nada à napolitana. Em questão de qualidade, estão lado a lado. Imagine que já existe pizza doce e com borda recheada na Itália!"

Processo parecido aconteceu nos bastidores da pizzaria Speranza. Assim que começou a estudar farinhas e processos de fermentação, Francesco (Tito) Tarallo, neto dos fundadores, resolveu mudar a massa,

> "Achamos que a certificação era importante para coroar nosso esforço. Estudei a bíblia da AVPN e logo vi que seria uma adaptação difícil, pois nosso forno não seguia o padrão, e não queríamos quebrá-lo para construir outro. Trouxemos um delegado da Itália, pagamos pela viagem e ele acabou concordando em nos conceder o selo, mantendo o forno. Fizemos as pizzas *margherita* e *marinara* por um tempo, mas a verdade é que as pessoas estranhavam. Achavam a massa mole, reclamavam da pouca cobertura. Peitamos a decisão por dois anos, para que as pessoas tivessem tempo de entender e valorizar a pizza napolitana, mas um dia a AVPN veio e tirou nossa placa."
>
> Edgard Bueno da Costa, da Bráz Pizzaria

A massa de pizza da Speranza mudou bastante ao longo do tempo, mas de forma sutil, para que a clientela não sentisse – discos mais leves, fermentados longamente, seguem com cobertura bem farta.

que vinha sendo preparada do mesmo jeito desde 1958. Concluiu o primeiro curso promovido pela AVPN em São Paulo, em 2010, conquistou a certificação, até então inédita na cidade, e incluiu duas autênticas pizzas napolitanas no menu – as primeiras preparadas a partir da nova receita. Em 2012 e 2013, Tarallo foi além e mexeu em todo o cardápio. Adotou um *blend* de quatro farinhas, entre nacionais e importadas, devidamente mantido em segredo, e passou a fermentar toda a massa por 24 horas. Se sobra uma parte, fica para o dia seguinte – nesse caso, a fermentação pode durar 48 ou 72 horas, e o resultado, ele garante, é cada vez melhor. Apesar disso, a Speranza também perdeu o selo AVPN, por ter mantido os dois estilos de pizza simultaneamente no cardápio. Segundo ele, parte da clientela rejeitava a novidade. "Quando uma casa de 60 anos muda seu produto radicalmente, as pessoas estranham bastante. Achavam que a gente estava economizando cobertura", ele justifica.

Entre os prêmios da Speranza já não há mais o certificado da AVPN, da qual a pizzaria abriu mão.

Tarallo mantém o forno antigo da pizzaria da Bela Vista, construído nos anos 1950 por seu avô – há uma filial mais nova em Moema. Os discos de 35 centímetros de diâmetro e bordas altas, ideais para compartilhar, recebem as coberturas inventivas que a cidade ama. A *boscaiola* leva molho de tomate, muçarela de búfala, cogumelos puxados no creme de leite, gorgonzola e manjericão. Ele admite que ter passado pelo processo de certificação ajudou a melhorar seu produto. "Passamos a colocar uma quantidade menor de cobertura e noto que cada vez menos clientes pedem ingredientes a mais. As pessoas já analisam o pedaço de pizza antes de comer, conferem os alvéolos, conhecem o que estão comendo", acredita o pizzaiolo. O molho também não mudou e continua sendo preparado com tomates frescos, como no passado.

"O processo de mudar a massa da Speranza foi tão complicado como trocar o pneu de um carro em movimento. Precisei provar aos funcionários que era a melhor estratégia. Imagine que o Zé da Madrinha, nosso pizzaiolo mais antigo, tem mais de cinquenta anos de casa... Como a nova massa daria mais trabalho, foi fundamental apresentar bons motivos para modificá-la. Hoje, felizmente, eles nem conseguem lembrar como era o processo antigo. Mantenho um grupo de WhatsApp, do qual participam todos os pizzaiolos, entre chefes e subordinados, e acompanho o preparo da massa o tempo todo, através de fotos que eles me mandam."

Francesco Tarallo, da Pizzaria Speranza

Outro que não abre mão do molho fresco é Erik Momo, da rede 1900. Desde a inauguração, em maio de 1983, quando a pizzaria tinha apenas um endereço de esquina na Vila Mariana, tomates débora são moídos com sal, azeite e orégano várias vezes por noite. As coberturas sempre foram fartas e cheias de combinações inusitadas. Tem pizza de carpaccio, de peito de peru com *cream cheese*, de linguiça de javali e de frango com milho e Catupiry. Mais paulistanas, impossível. "O público é assim, não tem jeito. A pizza brasileira leva uma concha de molho, 300 gramas de muçarela e mil ingredientes por cima. O cara pede a portuguesa e ainda põe aliche", diz Momo.

Até 2015, as unidades da 1900 adotavam a massa de fermentação rápida. Foi assim por mais de três décadas, até que Momo estudou farinhas de trigo e métodos de fermentação a fundo e decidiu virar a mesa. Ao longo de seis meses, treinou os funcionários na nova técnica de fermentação longa, com o cuidado de não transformar demais o sabor das pizzas. "Para o cliente, a mudança foi sutil. Queria que ele gostasse e achasse mais leve, fácil de digerir, sem perceber qual era a diferença." Ao contrário da Bráz e da Speranza, porém, Momo nunca buscou a certificação da AVPN. As experiências claudicantes da concorrência mostravam que o paulistano ainda não estava preparado para as pizzas de massa macia e menos cobertura – mas era questão de tempo. Em poucos anos, a cidade se rendeu à novidade, como veremos a seguir.

Para aprimorar a receita de massa da 1900, Erik Momo tornou-se um *expert* em farinhas de trigo.

"A nossa pizza sempre foi de fermentação rápida. Usávamos a técnica de esponja, que acelera o processo, à base de água, farinha de trigo, açúcar e fermento biológico fresco. O resultado era bom, mas oscilava muito e tinha vida curta. Ao longo da noite, fazíamos vários lotes pequenos de massa e, se sobrasse e precisássemos jogar um lote fora, achávamos natural. Com a nova técnica, mudou tudo na nossa cozinha, até a forma de abrir a massa. Ela passou a ser feita de véspera e as equipes aprenderam a fazer previsão do consumo. Hoje, tenho fichas de controle precisas e sei qual lote de farinha foi para cada masseira."
Erik Momo, da 1900 Pizzeria

DEMOROU, MAS SÃO PAULO FINALMENTE SE RENDEU À PIZZA NAPOLITANA

Fundada na Itália em 1984, a Associazione Verace Pizza Napoletana (AVPN) tem como função salvaguardar a receita tradicional da pizza – que, embora tenha surgido em Nápoles em torno do ano 1000 d.C., foi aperfeiçoada e chegou ao formato que conhecemos apenas no século XVIII, quando o tomate entrou na história. Sua importância cultural foi sacramentada no dia 7 de dezembro de 2017, quando a Organização das Nações Unidas para a Educação, a Ciência e a Cultura (Unesco) reconheceu a arte do *pizzaiuolo* napolitano como uma das Heranças Culturais Intangíveis da Humanidade. "A pizza napolitana não é um produto ou uma receita, é uma filosofia", recita André Guidon, representante da entidade no Brasil. Neto de italianos, ele fez curso de pizzaiolo na sede da associação, na Itália, e atua como delegado oficial desde 2012. Um ano depois, abriu a própria pizzaria, a Leggera Pizza Napoletana (em Perdizes, zona oeste da capital), onde os preceitos criados em Nápoles são seguidos à risca. O conjunto de regras determina até a arquitetura do forno a lenha, cuja cúpula baixa permite que a temperatura chegue aos 485 ºC regulamentares. Mas as normas, ele avisa, estão cada vez mais elásticas. "A AVPN reconhece que é preciso respeitar o gosto local. Na Leggera, decidi ser mais clássico, mas posso fazer até pizza portuguesa seguindo a tradição napolitana, se eu quiser", ele diz.

Já o preparo da base da pizza não admite adaptações. As regras são detalhadas em um documento de 10 páginas. Como ingredientes, são permitidos apenas farinha 00 italiana (é consentido o uso de, no máximo, 20% de farinha com alto teor de proteína, conhecida como manitoba), água, sal e fermento natural ou biológico – óleo, azeite ou ovos, nem pensar. Depois de fermentar por seis a oito horas, a massa deve ser aberta à mão em discos de, no máximo,

Bordas altas e alveoladas, centro finíssimo de massa elástica, cobertura sem excessos – na Leggera, as regras da AVPN são seguidas à risca.

35 centímetros de diâmetro, com borda de 1 a 2 centímetros de espessura e parte central com 4 milímetros, nunca mais do que isso. É uma das etapas mais difíceis, já que o uso de rolo é proibido. Nos cursos para obtenção do certificado, os pizzaiolos aprendem o gestual correto para formar bolas de massa e esticá-las de maneira uniforme, usando apenas as pontas dos dedos. Sobre o molho, feito apenas com tomates frescos ou em conserva, amassados manualmente e sem nenhum tempero, podem ser usados dois tipos de queijo: muçarela de búfala ou *fior di latte*, a muçarela fresca à base de leite de vaca. Não vale usar assadeira. As pizzas devem ser assadas no lastro do forno, ou seja, diretamente sobre a pedra do fundo, por no máximo 90 segundos. Ao sair do forno, determina o regulamento, "a Verace Pizza Napoletana deve ser leve, elástica, facilmente dobrável, como um livreto" – em Nápoles, resiste o hábito de comer a pizza *portafoglio*, dobrada dentro de uma folha de papel impermeável, que faz as vezes de guardanapo.

Quando desembarcou no Brasil, com todo esse rigor, a AVPN encontrou poucos pizzaiolos dispostos a pleitear a certificação – e os primeiros, como já vimos nos capítulos anteriores, acabaram por abrir mão dela tempos depois, pois o público paulistano estranhou as pizzas sem a crocância a que estava acostumado. Também contou pontos negativos a falta de variedade. Habituados aos cardápios extensos, com dezenas de coberturas à escolha, o paulistano não gostou de decidir entre as duas únicas pizzas napolitanas que a AVPN considerava autênticas: a *margherita*, com (pouca) muçarela, tomate e manjericão fresco, e a *marinara*, só com tomate e fatias de alho, sem traço de queijo. Com o tempo, porém, o mercado foi amadurecendo, e a associação, flexibilizando as regras. Quem apostou na escola napolitana poucos anos depois encontrou outro cenário – e as pizzas, tão diferentes do padrão paulistano, pegaram com uma força que ninguém esperava. Teve até pizzaria anunciando certificação falsa para se promover.

Em 2013, quando abriu as portas da Leggera, André Guidon não teve dificuldade para atrair a clientela. É verdade que ele começou o negócio bem devagar, para sentir o terreno. Só recebia clientes às sextas-feiras e aos sábados, com cardápio limitado a oito coberturas. A *margherita*, ele assegura, sempre foi a mais pedida. Guidon até oferece a opção de reforçar a quantidade de queijo, mas não faz alarde. "Não anuncio no menu, senão todo mundo vai pedir", justifica. Outro de seus *best-sellers*, este sem tomate, é a pizza *la divina commedia*, coberta com *provola* defumada, linguiça curada picante, cebola caramelizada, manjericão e parmesão. Pesquisador

"Anos atrás, fui a uma pizzaria tradicional de São Paulo e não consegui digerir bem a pizza. Foi a centelha para que eu começasse a procurar uma pizza mais leve, que não pesasse no estômago – naquela época, a massa paulistana era feita, no máximo, duas horas antes. Comecei a pesquisar e descobri a AVPN. Fui para a Itália, fiz cursos e estágios e tive a felicidade de me interessar pelo assunto quando o movimento estava tomando corpo, entre 2010 e 2011. Primeiro ele chegou ao Japão e aos Estados Unidos, logo depois veio para o Brasil. Passei então a prestar consultoria para pizzarias de outros estados, que queriam aprender a fazer uma pizza melhor.
Em São Paulo demorou mais, porque o paulistano tinha a cultura de achar que já sabia tudo."

André Guidon, delegado AVPN

A certificação pela AVPN não impede que a Napoli Centrale varie o cardápio – em forma de barco, a pizza khachapuri se inspira em receita tradicional da Georgia, país do Leste Europeu.

aplicado, ele conhece profundamente as características das farinhas italianas que usa e está sempre pronto a alterar as proporções de seu *blend*, que leva até quatro variedades. "Muita gente prefere farinhas mais proteicas porque elas facilitam a manipulação. A Leggera vai na contramão, porque a pizza emborracha assim que esfria um pouco. Se você reduz o teor de proteína, a massa fica mais mole e difícil de abrir, mas a pizza resiste melhor depois que sai do forno." Guidon também contesta a supremacia do fermento natural. Considera o produto supervalorizado. "O fermento biológico é mais estável e permite alcançar sabores complexos também. Pouca gente sabe que ele é produzido a partir de uma única levedura, a *Saccharomyces cerevisiae*, justamente a mais ativa no fermento natural."

Além da Leggera, só mais uma pizzaria paulistana tem o selo de certificação da AVPN (até a conclusão deste livro, em maio de 2022) – a Napoli Centrale, inaugurada em 2016 no Mercado Municipal de Pinheiros. Tanto a matriz quanto a filial, que funciona dentro do complexo gastronômico Distrito Urbano, no bairro do Panamby, na zona sul, seguem os ditames da associação. Sócio do chef gaúcho Marcos Livi no empreendimento, o mineiro Gil Guimarães é responsável pela massa. Mas o processo acontece a distância. Morador de Brasília, onde é também proprietário da Baco Pizzaria, com duas unidades certificadas, Gil supervisiona o processo de lá. "Temos uma tabela com as quantidades de sal e fermento natural. O resto muda conforme a temperatura e a umidade do dia. Às 8h da manhã, a gente já está brigando com ele pelo WhatsApp", conta Livi.

"Quando inauguramos a Napoli Centrale, me perguntaram por que abrir uma pizzaria na hora do almoço. Como se fosse novidade! As pessoas esquecem que as padarias de São Paulo sempre venderam pizzas em fatia durante o dia inteiro! Na moda, a boca de sino e o veludo voltam, mas na gastronomia não – os conceitos que voltam são envelopados de maneira diferente. A pizza napolitana está sendo confundida com informalidade, mas tem décadas de tradição.

Às vezes, a gente só precisa envelopar um produto e lançar de novo. Foi o que a Bráz fez, sacudiu o mercado. Durante anos, foi minha pizza preferida em São Paulo. A Bráz Elettrica, com o jeito nova-iorquino, sacudiu o setor de novo. A pizza paulistana vem se adaptando ao mercado e à clientela, ganhando novas feições, mas as antigas permanecem. Muita gente continua apaixonada pela pizza da Camelo, faz parte da memória."

Marcos Livi, da Napoli Centrale

Gil faz pizzas desde 1999, quando abriu a Baco como um bar de vinhos itinerante. Na época, a receita da massa era outra – foi aprendida na França, levava azeite e manteiga e ficava fininha, com textura crocante. Tudo começou a mudar durante uma viagem a Nápoles, em 2002. "Quando conheci a pizza napolitana de verdade, comi e perguntei muito. Como nem sabia da existência da AVPN, inventei uma massa sem gordura, à base de farinhas integral e branca, muito mais fermento, e a chamei de napolitana. Ganhei vários prêmios com ela, mas ainda estava longe da autêntica", lembra. A partir de 2009, já com a cartilha da AVPN em mãos, o pizzaiolo fez os primeiros testes em casa e enviou um vídeo à Itália, contendo o passo a passo, para que os especialistas da associação conferissem o resultado. "Eles me responderam com um documento de três páginas. Eu estava 90% certo, mas ainda precisava de ajuda. A pizza só saiu perfeita quando o André Guidon veio a Brasília e me ensinou o que faltava. Imediatamente abandonei a massa antiga e assumi o risco de fazer só a versão napolitana. Sorte que os clientes também compraram a ideia."

Em 2016, quando se associou a Marcos Livi para abrir a Napoli Centrale, Gil investiu pesado no treinamento da equipe – nos meses que antecederam a inauguração, ele e o time prepararam cerca de 2 mil pizzas como teste. Nenhuma levava queijo, bastava treinar o preparo da massa com o molho. O paulistano, dizem os sócios, pode ter aprovado a pizza napolitana, mas a dupla sabe que o processo mal começou – volta e meia alguém reclama que a massa não está crocante ou que falta cobertura. Na unidade da zona sul, que recebe um público mais familiar, não foi possível manter somente pizzas individuais no menu, como determina a cartilha da AVPN. Atendendo a pedidos, a dupla passou a vender também a versão de oito fatias, que permite montar as tradicionais coberturas meio a meio. Na unidade do bairro de Pinheiros, na zona oeste, a maioria da clientela dispensa prato e talheres e come a pizza no papel. No Panamby, a novidade não pegou. "Inicialmente, a gente quis fazer todo mundo comer do nosso jeito, mas isso é bobagem. Não vou brigar com o cliente, preciso entendê-lo", explica Livi.

Outra aposta arriscada da Napoli Centrale foi tentar ampliar o horário de consumo. Em uma cidade em que a grande maioria das pizzarias abre as portas às 18h, Livi e Gil já inauguraram a matriz, dentro do Mercado de Pinheiros, aberta desde a hora do almoço, como é comum em Nápoles. A experiência tem altos e baixos e varia conforme o público – deu certo na matriz, onde

Para chegar à receita atual da Napoli Centrale, a equipe assou mais de 2 mil discos como teste. Na foto, a pizza de *burrata*, presunto cru e raspas de limão-siciliano.

Mesmo sem a certificação, a Rossopomodoro, no empório Eataly, respeita as regras da AVPN e reproduz a receita original de Nápoles, com algumas adaptações para o paladar paulistano.

80% das pizzas saem no almoço, mas o mesmo jamais aconteceu na zona sul. "Pizza no almoço é uma questão comportamental. Se a pizzaria fica em um lugar com muito fluxo de gente a pé, é uma baita experiência", afirma Livi.

    Segundo a jornalista e pesquisadora Silvana Azevedo, especializada em gastronomia italiana, o hábito paulistano de comer pizza somente à noite vem do passado proletário dos primeiros pizzaiolos amadores – gente que trabalhava durante o dia e só podia assar pizzas à noite, para reunir amigos ou complementar a renda. Só que o tempo passou, e os napolitanos autênticos têm dificuldade para compreender tamanha resistência, até hoje, à pizza no menu vespertino. Trazido da Itália em 2015 para inaugurar e tocar a pizzaria Rossopomodoro, dentro do empório Eataly, o napolitano Rosario Minucci, que já deixou o Eataly paulistano, ficou surpreso com o que viu. "A Rossopomodoro tem mais ou menos 150 lojas no mundo e implantei várias delas, em diversos países. Aqui, a adaptação foi a mais complicada. Aos poucos, porém, conseguimos mostrar um pouco dessa cultura. Passamos de 10 pizzas vendidas no almoço para 200, alguns anos depois", conta. Minucci também estranhou o gosto do paulistano em relação às coberturas exageradas, mas não se dobrou – embora não tenha certificação da AVPN, a Rossopomodoro segue rigorosamente o manual napolitano. "Não fazemos mudanças, porque temos proporções definidas: 250 gramas de massa, 80 gramas de molho e 100 gramas de muçarela de búfala. É um equilíbrio que precisamos obedecer em função do tempo de forno. Se colocarmos mais cobertura, a pizza fica crua", afirma. Só lembrando: nas pizzas paulistanas típicas, o usual é acomodar 450 gramas de cobertura sobre 300 gramas de massa.

A massa da Rossopomodoro, que passa por mais de 24 horas de fermentação, é idêntica em todas as unidades. O mesmo vale para o molho, à base de tomate pelado puro em conserva. Mas, no quesito ingredientes, Minucci fez suas concessões e criou, especialmente para a unidade de São Paulo, coberturas cheias de misturas, bem ao gosto do paulistano: as pizzas *fru fru tricolore*, em formato oval, com três sabores (*margherita*, quatro queijos e presunto cru com rúcula), e a versão borboleta, que também combina as coberturas de *pepperoni* apimentado com cebola caramelizada; calabresa com parmesão; e gorgonzola, provolone e ricota.

Assim, aos pouquinhos, dosando regras de autenticidade e adaptações locais, a pizza napolitana foi provocando uma verdadeira revolução no mercado paulistano. A massa elástica e sem crocância, que antes causava estranhamento, passou a ser bem aceita, assim como as bordas gorduchas e alveoladas, gostosas como um pãozinho. E a pizza como almoço já tem seu fã-clube. Embora não pertença ao grupo das napolitanas autênticas, mas das que se inspiram no conceito, a rede Bráz Elettrica, inaugurada em 2017, apostou alto no modelo e não se arrependeu. Abertas das 8h às 20h, as lojas têm como chamariz a praticidade e, nas palavras do sócio Edgard Bueno da Costa, são a resposta da Cia. Tradicional de Comércio (CTC) à evolução do mercado. "O cliente passa, pega a pizza, gasta pouco e come rápido, na mão. Esse é o futuro. Por enquanto, a venda de pizzas no horário do almoço representa apenas 5% de todo o mercado, o resto depende do salão com garçom. Mas o mundo quer praticidade. Os *millennials* [geração nascida entre 1981 e 1998] vão ser 90% do mercado dentro de alguns anos. Quem não estiver atento a eles não vai resistir."

Futuro, novidade, adaptação, maleabilidade – essas são as palavras que resumem o quarto grupo de pizzarias que compõem o mercado paulistano, tema do próximo capítulo. Dele fazem parte empreendimentos jovens, que rejeitam regras ou rótulos e misturam, à sua maneira, o que mais agrada a clientela ávida por inovações. Pode ser um conceito estalando de novo, inspirado no que há de mais recente no cenário internacional, ou uma cobertura paulistana à moda antiga, que ainda mantém fãs cativos. Por que não?

PARECE NAPOLITANA, MAS NÃO É – SÃO PAULO ABRAÇA A PIZZA "NEOPOLITANA"

Era o ano de 2013. O consultor Patrick Catapano assava pizzas em um estande na feira Fispal, em São Paulo, quando dois visitantes que assistiam à sua apresentação o convidaram a prestar consultoria para a pizzaria que pretendiam inaugurar. A conversa progrediu. No ano seguinte, não como consultor, mas como sócio da empreitada, Patrick inaugurava o *food truck* pizzaria Divina Increnca – o nome era homenagem ao livro *La Divina Increnca*, de 1966, obra do jornalista Alexandre Ribeiro Marcondes Machado que, sob o pseudônimo de Juó Bananére, satirizava o sotaque dos imigrantes italianos de São Paulo. Em 2013, lembra Patrick, a cidade era dominada pelas pizzarias tradicionais, com raras exceções. A pizza napolitana era assunto relativamente novo, então restrito à certificação da AVPN conferida três anos antes à Speranza. Ainda assim, ele arriscou lançar um conceito inovador, que já fazia sucesso nas ruas de Nova York: pizzas individuais, com apenas 25 centímetros de diâmetro e massa de longa fermentação, rodeada por bordas altas e alveoladas. A inspiração era claramente napolitana e até copiava algumas regras determinadas pela associação certificadora, mas as semelhanças paravam ali.

Além de desrespeitar normas relacionadas ao tempo de fermentação, Patrick não se restringia ao uso de farinha italiana 00 – sua receita de massa levava 15% de farinha integral e até missô, a pasta oriental de soja, ingrediente que, segundo ele, aumenta a crocância. As coberturas também exibiam pitadas de ousadia impensáveis aos puristas da associação. A cobertura *dolce diavola*, com molho de tomate, muçarela, salame artesanal picante e redução de vinagre balsâmico, sempre foi o maior sucesso da marca, seguida de perto pela *incremma*, com molho de tomate, *cream cheese*, tomatinhos, *pesto* de azeitonas pretas e manjericão. O público estranhou a princípio, mas

foi se acostumando com o passar do tempo. "Os primeiros a provar nossas pizzas e a gostar delas foram os paulistanos que já tinham viajado à Itália e aos Estados Unidos e já conheciam esse novo conceito", lembra Catapano, que deixou a sociedade da pizzaria quatro anos depois.

A Divina Increnca, que posteriormente estacionou em um ponto fixo na Pompeia e ganhou filial na Vila Buarque, ajudou a popularizar esse novo gênero de pizzarias napolitanas, *ma non troppo*. Apenas um ano depois das primeiras viagens do *food truck*, outra casa passaria a seguir a mesma escola com bastante sucesso – a Carlos Pizza, na Vila Madalena, que tem como sócio o argentino Luciano Nardelli. O desenho original da casa era outro. Também sócio, o arquiteto Carlos Verna, ex-Galpão da Pizza, pretendia abrir um restaurante especializado em pratos preparados na lenha, aproveitando o forno que já existia no imóvel. Aos poucos, porém, o projeto foi assumindo a vocação de uma nova pizzaria. Segundo Nardelli, contou pontos para a mudança de rumo a temporada que Verna passou em Nova York, em 2013 e 2014. "Começava uma cena forte de pizzas ao estilo napolitano na cidade, com entradinhas assadas no forno, e ele trouxe isso na cabeça. Fizemos pesquisas em muitos livros sobre pizzas napolitanas para desenvolver a nossa receita."

Assim como Catapano, Nardelli não dá exclusividade para as farinhas de trigo italianas e gosta de testar produtos nacionais de pequenos produtores, que ganham em frescor na sua avaliação. Os tomates chegam à cozinha *in natura*, adquiridos de propriedades próximas a São Paulo, e são cozidos com casca e tudo no forno a lenha, com azeite e sal, a 500 ºC, por até 15 minutos. Depois que a pele queimadinha é removida, os tomates assados vão para o liquidificador. "O sabor do molho fica melhor e posso garantir a origem do ingrediente. Não tenho como saber de onde vem o tomate enlatado na Itália, porque os maiores produtores estão na China."

A cobertura farta, com maior mistura de ingredientes, é uma das diferenças mais visíveis entre a Verace Pizza Napoletana e suas versões contemporâneas, apelidadas de neopolitanas ou neonapolitanas. Sempre há espaço para mais queijo, que o paulistano ama, e para produtos que geralmente não entram nas pizzarias certificadas. O menu da Carlos Pizza, que começou com cinco opções, logo pulou para perto de 30. A pedidos, entraram pizzas de quatro queijos e de *pepperoni*. Em 2019, Nardelli criou uma edição especial de pizzas paulistanas, que incluiu até cobertura de frango com Catupiry – foi tamanho o sucesso que a portuguesa e a de atum foram

Na Carlos Pizza, a receita napolitana é só inspiração para Luciano Nardelli: a farinha é nacional e o molho de tomates, feito no forno.

incorporadas definitivamente ao cardápio. A única concessão que ele se recusa a fazer é para as pizzas doces. "Ainda não me convenceram de que faz sentido comer massa nas três etapas da refeição, da entrada à sobremesa."

Foi na Carlos Pizza que o pizzaiolo Filipe Fernandes travou o primeiro contato com esse novo estilo, por assim dizer, ítalo-paulistano. Sócio do Holy Burger, ele era craque em fritar hambúrgueres, mas sua relação com as pizzas não passava da admiração como comensal. Em 2016, quando o grupo de sócios pensou em abrir o Fôrno, um restaurante especializado em receitas assadas no forno, Filipe correu atrás de um professor que o ensinasse o preparo do zero. Em um estágio não remunerado na Vituccio, pizzaria do Alto da Lapa, aprendeu algumas lições básicas, da fermentação à técnica de abrir a massa. Mas o resultado, ele confessa, ainda passava longe dos discos que ele gostava de comer. "No começo, nossa pizza era uma m...", admite. Aos poucos, porém, de tanto bolear massa, Filipe foi chegando à receita que se tornaria hit da casa – uma pizza que ele descreve como disruptiva, visceral, *fusion*, que mescla as culturas italiana, americana e brasileira. A farinha de trigo é nacional e a fermentação, de até 72 horas. O fermento natural foi substituído pelo biológico tão logo as filas de espera por uma mesa começaram a crescer. "Usei *levain* por um bom tempo. Mas, para dar conta da quantidade de pedidos, precisaria de uma capacidade de armazenamento muito maior. De todo modo, acho que há uma supervalorização do *levain*."

As pizzas de 25 centímetros, servidas sem talheres para que sejam comidas com as mãos, recebem coberturas que Filipe inventa, inspirado nos sabores caros à sua memória. Entre as mais pedidas está a *caprese*, recriação do *best-seller* da Bráz, com *pesto* no lugar do molho de tomate, e tomates confitados em substituição às rodelas usadas pela concorrente. O pizzaiolo gosta de desafiar a clientela mais rígida. Já fez pizza de frango com Catupiry, portuguesa com ovo de gema mole, de atum cru com *burrata* e uma versão da *supreme*, famosa cobertura da rede de *fast food* Pizza Hut, que leva *pepperoni*, pimentão, champignons e carne picadinha. "Somos uma casa experimental e posso fazer pizza do que eu quiser, até de lámen e de *choripán*. Se fôssemos uma pizzaria tradicional, seríamos apedrejados pelos italianos da velha geração", diverte-se Filipe.

Nesse nicho de mercado, a relação com a clientela tem altos e baixos. Fundador do QT Pizza Bar, Matheus Ramos adota cardápio reduzido, com pouco mais de uma dezena de sabores, focado nas coberturas mais conhecidas. "A gente sabe do que o povo gosta e faz pizzas comerciais para vender. Minha calabresa não leva queijo, por exemplo, mas sei que muita gente pede para adicionar – e a gente adiciona, tudo bem", resume. Nem assim a QT escapou de receber algumas críticas negativas nas redes sociais. Segundo Matheus, um cliente escreveu em sua avaliação que era mesquinharia fazer uma borda tão alta sem recheio dentro. "As pessoas ainda estão aprendendo que o *cornicione*, a borda ao estilo napolitano, é alto e aerado, feito para ser comido com azeite, como um pãozinho. Sirvo sete variedades de azeite aromatizado para estimular o consumo e, aos poucos, já vejo cada vez mais gente devolvendo o prato vazio."

Nos domínios das neopolitanas, tamanho nem sempre é documento. Na PiCo Pizza Corner, pizzaria quase exclusivamente dedicada ao delivery, inaugurada em março de 2021 no bairro da Barra Funda – não há salão, apenas alguns lugares na calçada –, os discos individuais nunca foram a única opção. Bruno Estevam, um dos sócios, também pôs no cardápio as pizzas de 30 centímetros, com seis fatias e possibilidade de combinar coberturas meio a meio, apostando que seria o pedido preferido pela clientela. Acertou na mosca: são as que vendem mais. Rodolfo Felix, o pizzaiolo, fermenta a massa por 72 horas e cobre os discos com tomates pelados crus levemente amassados, temperados com sal e azeite. Quebra a acidez do molho com melado de cana – inicialmente usava mel, mas substituiu o ingrediente para agradar a clientela vegana, numerosa entre os frequentadores do bairro. A receita de assinatura da casa é a pizza *artichoke*, de alcachofra com muçarela artesanal Roni. Segundo Estevam, trata-se de uma homenagem à Artichoke Basille's Pizza, famosa rede nova-iorquina.

Outra mudança importante provocada pelas pizzarias neopolitanas diz respeito ao forno – foram elas que começaram a desmontar a hegemonia do modelo tradicional a lenha. Boa parte da clientela paulistana ainda não deve ter notado que muitos fornos pela

"Temos uma relação de educador com o público. Assim como nem sempre conseguíamos vender hambúrguer ao ponto no Holy, o cara chegava ao Fôrno e pedia uma pizza só, achando que daria para a mesa toda. Chegava aquela pizza com borda enorme, fininha no centro, com pouca cobertura, e o sujeito se sentia enganado. Foi muita história e explicação até que a gente chegasse aqui, um trabalho bem interessante. Até o jeito de pegar a pizza com a mão a gente ensinou. De vez em quando aparece alguém pedindo pizza meio a meio, ou com borda de Catupiry, mas nesse caso a gente é rígido e simplesmente não faz."

Filipe Fernandes, do Fôrno

Forno elétrico da Bráz Elettrica (à esquerda) e versão híbrida da Fôrno, que funciona também a gás: fim da hegemonia da lenha.

cidade, mesmo aqueles que mantêm o formato redondo e o revestimento tradicional de tijolinhos, são modelos flexíveis: a mesma câmara permite ao pizzaiolo escolher entre lenha e gás. Apesar da opção, quem tem forno híbrido quase sempre acaba aposentando a lenha, em caráter definitivo, por questão de praticidade. As toras de madeira já vinham sendo substituídas pelos briquetes, também chamados de lenha ecológica, que são blocos cilíndricos compactados, feitos de resíduos de madeira de reflorestamento. Embora mais leve, barato e fácil de manipular no dia a dia, o briquete demanda um senhor espaço de armazenamento dentro da pizzaria, problema que o forno a gás elimina. Domar a temperatura no forno a lenha também exige experiência – o forneiro é um profissional caro e cada vez mais raro –, enquanto o controle a gás é fácil e preciso.

Nos fóruns de pizzaiolos, o assunto divide opiniões e desperta paixões. Há quem jure de pés juntos que não se nota a diferença. Em dezembro de 2015, o Instituto Mauá de Tecnologia realizou um experimento, por encomenda da empresa Ultragaz S/A, para tirar a prova dos noves: promoveu uma degustação às cegas de pizzas assadas nos dois tipos de forno, calibrados para funcionar em condições similares. Pizzas iguais de muçarela foram assadas no forno a lenha, a 430 ºC, por 1,5 minuto, e a gás, a 350 ºC, por 2 minutos. Ao todo, 118 pessoas, entre consumidores, alunos e colaboradores da escola, provaram as fatias para compará-las. Os critérios para a avaliação eram quatro: aparência, sabor, borda e opinião geral. Ao final do experimento, a equipe coordenada pela engenheira Edilene Adell concluiu que nenhum dos participantes soube indicar uma

> "Nas feiras de negócios para o setor, como a ExpoPizza, a Fipan e a Fispal, começou a circular a informação de que o forno a lenha estava prestes a ser proibido por lei, por apresentar risco à segurança e não ser ecológico. Muitos empresários novos no ramo, que iam às feiras para montar seus primeiros negócios, ouviam a história e ficavam com medo – e logo depois viam um anúncio de forno a gás ou elétrico. Isso fez com que muita gente migrasse da lenha para outros fornos. Concordo que, quanto mais básico e tradicional for o forno a lenha, é mais difícil de trabalhar. Mas, para mim, são eles que fazem a melhor pizza."
>
> Wilson Ferreira, consultor

Pizza *schiacciatta gênova* da Fôrno, com *pesto*, ricota, presunto cru e *tapenade*: mescla de culturas.

preferência. "Os comentários adicionais feitos pelos provadores comprovaram a similaridade das pizzas preparadas nos dois fornos nos atributos avaliados, e indicaram a satisfação dos consumidores em relação às duas amostras testadas", concluiu o documento.

Tem pizzaria que nem tenta disfarçar o efeito da lenha. É o caso da Bráz Elettrica, filhote da rede Bráz que já nasceu em 2017 com o DNA da ruptura. Anthony Falco, que fez a fama da pizzaria Roberta's, em Nova York, e ajudou a revolucionar o setor na cidade, foi contratado para criar o conceito e a receita. Trouxe na mala uma folha de fermento natural desidratado, que foi reconstituído e deu origem ao *levain* usado em toda a rede. Segundo Edgard Bueno da Costa, um dos sócios da Cia. Tradicional de Comércio, dona da Bráz Elettrica, a escolha do forno elétrico, um exemplar importado da Itália que atinge 480 ºC, casou com a intenção de unir alguns traços da pizza napolitana tradicional à informalidade do Brooklyn nova-iorquino. Os discos individuais são de longa fermentação, para comer com as mãos desde a hora do almoço, já que as lojas abrem às 12h, acompanhados de cerveja. O cardápio inclui estripulias impensáveis para a casa-mãe, como a pizza *calabrese piccante*, finalizada com um fio de mel.

Só que a ousadia paulistana fica no chinelo quando a gente se debruça sobre as regionalidades que a pizza incorporou Brasil afora. Ao deixar as fronteiras de São Paulo e viajar para outros estados, a pizza paulistana – que já era famosa – acompanhou o gosto de cada lugar e assumiu tradições que causam estranhamento até mesmo para o paulistano, tão afeito a misturar ingredientes. Esse é o tema a seguir.

PRODUTO DE EXPORTAÇÃO – A PIZZA PAULISTANA VIAJOU PELO BRASIL E CHEGOU À EUROPA

Em outubro de 2021, a pizza paulistana chegou oficialmente ao continente europeu – André Lima, um dos sócios da Bráz, abriu o San Paolo Pizza Bar em um salão contíguo ao restaurante Rubaiyat de Madri, na Espanha. A receita é a mesma da rede-mãe, adaptada aos ingredientes locais. Tem pizza de *jamón* ibérico, de brócolis com *chistorra* (embutido suíno) e de *boquerón* (anchova no vinagre). A massa de longa fermentação, à base de uma mescla de farinhas de trigo italianas e espanholas, é aberta em discos de 35 centímetros, que recebem coberturas meio a meio e até triplas, algo de que a clientela brasileira faz questão. A portuguesa garantiu seu lugar no cardápio fixo, mas as que levam Catupiry só aparecem em edições especiais, porque dependem da importação do ingrediente. O forno é elétrico, igual ao das lojas da Bráz Elettrica, um dos recursos que Lima adotou para baratear o custo da mão de obra, bem mais alto na Espanha. O serviço também ficou mais simples – a pizza chega cortada à mesa e cada cliente vai se servindo das fatias ao longo da refeição.

Assim como teve fôlego para cruzar o Oceano Atlântico, a pizza saiu de São Paulo para conquistar o Brasil inteiro. É possível cravar que ela se tornou um prato nacional? Talvez. Difícil imaginar uma região urbana, em todo o território brasileiro, em que ninguém jamais tenha provado um disco de massa assado com molho e queijo. Mas, assim como a pizza paulistana conquistou identidade própria ao longo do tempo e evoluiu a partir da chegada de outros estilos, cada recanto do Brasil assumiu suas particularidades, sedimentou seus gostos e criou um estilo de pizza para chamar de seu. Alguns até ganharam contornos folclóricos, como a pizza regada a ketchup atribuída aos cariocas – um hábito que pode parecer extravagante aos olhos de um paulistano, mas tem sua razão de ser quando a gente investiga a história da pizza no Rio de Janeiro.

Em Madri, na Espanha, o San Paolo Pizza Bar reproduz as receitas paulistanas da Bráz, adaptadas a ingredientes locais.

A cidade nunca teve raízes italianas e, por muito tempo, nem sequer havia várias pizzarias para escolher. A primeira a abrir as portas, a Pizzaria Guanabara, foi fundada em 1964, no Baixo Leblon, e segue como a mais presente na memória dos cariocas. No bairro eternamente bombado da zona sul, a Guanabara sempre foi lugar para matar a fome na madrugada, diante de uma fatia de pizza servida no balcão. Ou nas mesas, onde imperava a pizza à francesa, cortada em quadradinhos, para comer com palitinhos como aperitivo – outro hábito que arranca risos debochados dos puristas – na companhia de chope gelado. A pizza da Guanabara, aliás, é a que mais se parece com a pizza paulistana de padaria. Mas essa é outra história, que será tratada mais adiante.

Perto dali, já nos anos 1990, a Pizza Park surfou na onda da pizza finíssima e crocante como biscoito. Mais uma pizzaria com clima de boteco, com unidades na Cobal do Leblon e na Cobal do Humaitá, dois redutos boêmios. Isso ajuda a explicar o apego do carioca pelo ketchup como condimento na mesa. Falamos de um público praticamente sem ligação alguma com a cultura italiana, para quem as pizzas eram comida de boteco, apenas mais uma opção às porções de fritas e bolinhos. Essa história só começou a mudar em 1999, quando a Capricciosa abriu as portas em Ipanema. A casa, que pertencia ao italiano Miro Leopardi e sua mulher, Marly, mesmos donos do restaurante Satyricon, fez barulho com o lançamento de um conceito novo para a cidade: uma pizza mais próxima à tradicional napolitana, feita com farinha italiana 00 (mas ainda de fermentação bem rápida), tomates pelados e muçarela fresca. À novidade, deram o nome de pizza D.O.C., dando a entender

"O espanhol não parece ligar muito para pizza e está mais acostumado às napolitanas, tanto que não encontrei pizzaiolos que soubessem fazer o nosso estilo de pizza por aqui. Mas, como tem muito brasileiro em Madri, conquistamos logo esse público. No começo, eles ocupavam 90% do salão, mas hoje já vejo que os espanhóis são metade da clientela. É a pizza para matar a saudade do Brasil, os caras vêm aqui e choram. Temos até pudim de leite para a sobremesa."

André Lima, da Pizzaria San Paolo

"A Região Sul nos ensinou a focar as pizzas doces, porque o consumo é gigantesco. Tanto no Rio Grande do Sul quanto em Santa Catarina, cerca de 30% dos pedidos incluem pizzas de sobremesa – em São Paulo, a proporção é de uma doce a cada dez pedidos. Fazemos até cobertura meio a meio, metade salgada e metade doce, caso contrário não vendo."

Gabriel Concon, da Pizza Prime

Sabores triplos em combinações exóticas da pizzaria gaúcha The Petit: coração de galinha com calabresa e brócolis; *pepperoni*, filé com fritas e chocolate branco com morango; calabresa com picanha ao *barbecue* e brigadeiro; bacon com abacaxi, vegetariana e chocolate com recheio de morango.

que a casa seguia regras ditadas por uma suposta organização italiana, embora os proprietários jamais tenham revelado qual – com certeza, não beberam da fonte da Associazione Verace Pizza Napoletana (AVPN), que àquela altura já funcionava na Itália havia 15 anos. Seja como for, o *story telling* funcionou e a Capricciosa acabou representando um divisor de águas na história da pizza à moda carioca. De lá para cá, o Rio de Janeiro ganhou pizzarias de respeito, entre elas uma unidade da Bráz, e se aproximou bastante do mercado paulistano em termos de gostos e tendências. Segundo o pizzaiolo Pedro Pernambuco, que trabalha como consultor e comanda eventos pela capital e arredores, as campeãs de vendas são as pizzas de calabresa com cebola, de frango com Catupiry, portuguesa e *margherita*. A cidade já tem até suas representantes de pizzarias neopolitanas, como a Ella, do chef Pedro Siqueira, e a Ferro & Farinha, do nova-iorquino Sei Shiroma.

Quando se desce no mapa em direção ao sul, a coisa muda de figura – especialmente quando se chega ao Rio Grande do Sul, um estado onde, apesar da numerosa colônia italiana, a cultura da pizza se desenvolveu tardiamente, muito depois dos primeiros fluxos migratórios, e se confundiu com a do churrasco. Ali, as coberturas à base de carne assada na brasa figuram entre as preferidas. A origem desse hábito, tão peculiar, quem explica é o pizzaiolo Peterson Secco, dono de quatro pizzarias em Canela, na Serra Gaúcha: "Nos anos 1980, as churrascarias populares de beira de estrada foram as primeiras a servir pizza, mas elas só funcionavam como pizzarias à noite. As sobras de churrasco do almoço eram, então, aproveitadas para fazer as coberturas. Assim surgiram as pizzas de costela, de picanha e de coração de galinha". As quatro casas de Secco são uma boa amostra da elasticidade do paladar gaúcho para pizzas. A The Petit, inaugurada em 2011, trabalha no sistema de rodízio, vende pizzas em fatias até o amanhecer e foi formatada para esse público que gosta de pizza de carne. Não por acaso, é a marca de maior sucesso, com 10 unidades espalhadas pela Serra Gaúcha e pelo litoral. A pizza de filé com fritas e requeijão é um dos *best-sellers*, mas também tem de estrogonofe e quatro opções cobertas com picanha, entre os incríveis 120 sabores listados no menu. Já a Fra Noi, inaugurada em 2020, é o que Secco classifica como rodízio gourmet. A massa de fermentação natural recebe coberturas inventivas, como a *catania*, que leva muçarela, salmão, cebola-roxa e redução de mirtilo no vinho tinto. Por fim, o grupo ainda tem duas pizzarias certificadas pela AVPN: a Abbiamo e a Donnadina.

Gaúchos também estão entre os que mais apreciam pizzas doces. Difícil encontrar um cardápio, entre as pizzarias mais tradicionais, em que as coberturas para a sobremesa não sejam numerosas. Fundador da rede Pizza Prime, com 70 unidades em nove estados, Gabriel Concon tem uma boa base de comparação. Segundo

"No início, a gente fazia a pizza rica, massa que levava ovo e leite e ficava alta e fofinha, parecia um pãozinho. Preparava a massa e assava no forno a lenha uma hora depois, sempre com muita cobertura. Mais parecia um sanduíche. Quinze anos depois, adotamos a massa pobre, à base de farinha de trigo, azeite, sal, açúcar e fermento, que fermentava por 24 horas. Foi um grande salto de qualidade. Até então, nunca tinha ouvido falar em farinha 00 ou em teor de proteína. Fui para a Itália e, de metido, entrei em uma convenção do moinho 5 Stagione para aprender. No ano seguinte, voltei para fazer um curso de pizza napolitana e, em 2018, passei a usar apenas farinha italiana. Como os impostos aqui inviabilizavam comprá-la em São Paulo, acabei virando importador da 5 Stagione para o Nordeste."

Paulo Henrique Barroso, da Famiglia Reis Magos

ele, oferecer pizzas de banana, de chocolate e de Nutella não é o bastante por lá – para esse público, que pede muito mais variedade e mistura, Concon tem a *kibueno*, que leva creme de leite, creme de chocolate, creme de leite em pó, morangos e cacau em pó.

Subindo para a Região Norte, o cenário de evolução das pizzas segue roteiro bem parecido com o do paulistano. Segunda geração no comando da rede de pizzarias Famiglia Reis Magos, com 11 unidades em Natal, Paulo Henrique Barroso acompanhou toda a evolução da qualidade das pizzas, desde a inauguração, em 1984 – a massa, cuja receita inicial ele chama de "mistureba de produtos", foi dando lugar a versões cada vez mais simples e bem-cuidadas, até chegar à definitiva, que Barroso aprendeu a fazer durante uma viagem de imersão pela Itália. O paladar do nordestino, ele diz, também se aproxima daquele do paulistano raiz: fazem sucesso as pizzas fininhas, como papel, com farta cobertura de queijo. Frango com Catupiry e portuguesa disputam a dianteira com uma receita local: pizza de carne de sol desfiada com cebola, azeitona e Catupiry.

E como se come pizza em Brasília, terra jovem que mescla gente de todo canto do Brasil? A primeira pizzaria do Distrito Federal nasceu junto com a capital do país, em 1960, pelas mãos do mineiro Enildo Veríssimo Gomes, que aprendeu a fazer pizza em Araxá e abriu a Dom Bosco na Asa Sul – de onde nunca saiu e acabou virando rede, sob a administração da mesma família. Ali não há cardápio. O disco de massa, alto e macio, é coberto com uma mistura de queijo e molho de tomate em grande quantidade. Come-se de pé ou nos bancos, diante do balcão, onde a pizza é servida em fatias. A tradição é pedir "uma dupla": duas fatias, uma por cima da outra, com as faces da cobertura unidas no meio, como se fosse um sanduíche. Em uma cidade que mistura pessoas de origens tão diversas, não é de admirar que as pizzas espelhem essa diversidade. Há espaço para as fatias ensanduichadas da Dom Bosco, para a pizza de vaca atolada (carne de sol, purê de abóbora, mandioca, cebola e Catupiry) da Pizza à Bessa e para as pizzas napolitanas da Baco, certificadas pela AVPN.

Em julho de 2021, a Betway Brasil, que administra um site de apostas, realizou uma pesquisa inédita – com base em um questionário, respondido por cerca de 500 pessoas de vários estados, a empresa chegou a um retrato curioso do consumo de pizza país afora. Em São Paulo, 86% dos entrevistados disseram considerar um crime espalhar qualquer condimento sobre a pizza – no máximo, admitem um fio de azeite e olhe lá. Mas a enquete também mostrou que o ketchup não é só mania de carioca. Ele besunta as pizzas de 83% do público do Norte, 67% do Nordeste e 62% do Centro-Oeste. A Coca-Cola, quem diria, é uma unanimidade de cima a baixo, eleita a bebida por excelência para acompanhar a pizza, e também há concordância em relação ao sabor preferido: a cobertura de calabresa é, disparado, a mais citada nas cinco regiões. Mas cada pedaço do mapa a prefere de um jeito. Calabresa sem queijo, por exemplo, só se admite em São Paulo, enquanto a que se convencionou chamar de baiana é a que leva calabresa moída. Paulistano também prefere a pizza de tamanho grande, com 8 fatias, enquanto na Região Sul faz sucesso a gigante, com 40 centímetros de diâmetro, que rende 12 pedaços.

Quando se entra no capítulo das pizzas, digamos, exóticas, vê-se que a criatividade do brasileiro não tem limite. Nas coberturas de sabores regionais já apareceram a palma, uma espécie de cacto, em Lençóis (BA); o pirarucu seco, em Belém (PA); o caranguejo, em São Luís (MA); e o pequi, em Goiânia (GO). Aí a gente resvala para as invenções, quesito no qual o céu (ou o inferno?) é o limite. Dentro e fora de São Paulo, há registros de pizza de feijão-tropeiro, de sushi e de curry com *chutney* de hibisco. De borda de coxinha ou recheada com farofa. No formato oval, a comprida pizza-trem exibe diferentes coberturas, que vão aparecendo lado a lado, como listras. As feiras do setor não ficam atrás – já apresentaram pizza de chiclete, com massa sabor hortelã e cobertura de chocolate, pizza com borda de esfirra e com cobertura de *yakissoba*. A Bate Papo, no Guarujá, litoral paulista, fez das bizarrices seu marketing – lá surgiram a pizza decorada com um galeto assado inteiro, espetado no centro, e a versão gigante de 80 centímetros de diâmetro, com 32 fatias, que permite combinar 10 sabores, com direito a cobertura doce no miolo do disco. É melhor pararmos este capítulo por aqui.

SÃO PAULO E SUA SALADA DE PIZZAS

Quando o assunto é pizza, São Paulo é um exemplo de diversidade, para usar a palavra da moda. A cidade tem mesmo uma capacidade ímpar de acolher os mais diferentes estilos e formas de consumo, mesmo que alguns deles permaneçam restritos a grupos menores ou regiões específicas. Bom exemplo é a pizza romana, que em Roma recebe o nome de pizza *al taglio*, isto é, pizza cortada ou pizza aos pedaços. Nada a ver com nossa pizza de padaria, vendida em fatias triangulares – a romana costuma ir ao forno em grandes assadeiras retangulares e rende pedaços retos. Lembra uma *focaccia*. A massa alta e fofa, com base crocante, resiste melhor à exposição no balcão, a forma mais comum de comercialização. Você chega, escolhe a cobertura preferida na vitrine, o atendente corta seu pedaço e o aquece na hora. Paga-se por peso: cada adulto dá conta de 200 a 300 gramas em uma refeição.

No mesmo ano, 2017, São Paulo ganhou dois representantes desse estilo de pizza. Em junho, ao mesmo tempo que o pizzaiolo Fellipe Zanuto abria a Da Mooca Pizza Shop no bairro da Vila Madalena – uma portinha, como ele lembra, só para testar o produto –, o megaempório Eataly inaugurava um novo restaurante no andar térreo, o Pizza Romana, tocada pelo italiano Marco di Roma. Antes delas, a única na cidade a vender pizza *al taglio* foi a extinta Pizza Love, na Rua Aurora, região central da cidade. Em 2019, Paola Tarallo, herdeira da família fundadora da Speranza, também se arriscou nesse território com a Let'ZZ, em Moema, nascida para atrair o público adolescente. Das quatro, só a Da Mooca Pizza Shop resistiu, em novo endereço em Pinheiros.

Diferentemente da pizzaria romana do Eataly, onde a massa era aberta sobre uma pá comprida, a pala, em formato rústico e irregular, Zanuto sempre optou pelas assadeiras retangulares. Trazidas de Roma, as peças têm uma diferença em relação aos modelos comuns: uma cruz em relevo evita que a pizza encoste totalmente no fundo e fique tostada demais na base. A massa, que mistura farinhas branca, integral e mix de cereais, altamente hidratada e fermentada por

Exposta no balcão da Da Mooca Pizza Shop, a pizza romana é cortada com tesoura e aquecida somente na hora do pedido.

48 horas, é "manhosa", como ele define: difícil de abrir e de acomodar na assadeira. Na primeira etapa, vai ao forno só com uma camada de molho de tomate, por cerca de 11 minutos, à temperatura média de 350 ºC. As coberturas são montadas sobre a massa já assada e, então, as pizzas vão direto para a vitrine – a segunda etapa de forno só acontece depois que o cliente faz o pedido. Uma das mais comuns em Roma, a de lâminas de batata com muçarela e alecrim, ainda causa certo estranhamento entre o público paulistano. Sucesso, mesmo, faz a de frango com Catupiry, açafrão e salsinha. Por ter alma de comida de rua, a pizza romana é ideal para comer sem talheres, pois fica firme no guardanapo, sem desabar.

A pizza típica de Chicago, conhecida como *deep dish* (prato fundo, em tradução literal), também encontrou sua fatia de público em São Paulo. O publicitário Alexandre Torres, que conheceu a original *in loco*, apostou que o paulistano aprovaria essas pizzas altas, que mais parecem piscinas cheias de queijo derretido, porque "brasileiro gosta de substância". Batizou o lugar de A Casa da Pizza Estufada, versão meio enviesada de *stuffed pizza* (pizza recheada), outro apelido comum em Chicago. Puristas nem a consideram pizza – montada em fôrmas de laterais altas de fundo removível, com várias camadas, a receita está mais para uma torta. Torres desenvolveu sua versão com base em livros e em cursos que fez nos Estados Unidos, mas promoveu algumas alterações para o paladar daqui depois que amigos provaram os primeiros resultados e a consideraram pesada demais. Reduziu a quantidade de fermento biológico, para que a massa não ficasse tão alta, removeu a manteiga

> "Senti muita dificuldade quando abri a Da Mooca Pizza Shop. Foi preciso gastar muita língua para explicar ao público o que é a pizza romana. Cheguei a colocar um cartaz explicativo na loja. Mas alguns italianos disseram 'finalmente!' Ainda estamos tentando fazer com que o paulistano se relacione com a pizza na hora do almoço."
>
> Fellipe Zanuto, da Da Mocca Pizza Shop

e incorporou ovos. A maneira de compor a cobertura também mudou – na versão paulistana, ela é feita em duas camadas. Aberta em laminadora, para ficar com espessura uniforme, a massa vai para as fôrmas com uma porção generosa de molho de tomates frescos, temperado com manjericão e azeite. Aí vem o recheio propriamente dito, que nesse caso é recheio mesmo, não cobertura: a mistura de calabresa moída com muçarela, Catupiry e tomate em cubos é a mais pedida. Por cima vem outra camada de massa, mais molho e bastante queijo. O cozimento também acontece em etapas: depois de assada por até 15 minutos, a pizza é desenformada e volta ao forno por mais 10 minutos, com uma tampa de alumínio. "Essa segunda etapa de forno foi invenção minha, para a pizza ficar dourada e pegar o gosto da brasa", conta Torres. O resultado é uma pizza que atinge 3,5 kg no tamanho grande, aquele que mede 35 centímetros e rende 8 fatias – só de queijo, recebe 1 kg. Segundo o empresário, é difícil alguém conseguir dar cabo de mais de dois pedaços em uma mesma refeição.

São Paulo também tem sua pizza frita, mas bem diferente do pastelão mais comum, conhecido como *fogazza*. É pizza mesmo, e das antigas, marca registrada da Pizzaria Bruno, fundada no Largo da Matriz, na Freguesia do Ó, na década de 1930. O lugar nasceu como um barracão de madeira, onde os sócios Bruno Bertucci e João Machado de Siqueira vendiam frango com polenta. "Seu Bruno contava que tinha trazido a

"Não havia nada na vizinhança da Freguesia do Ó, só mato em toda a volta. Não tinha nem mercado perto, tanto que meu pai e Seu Bruno faziam as compras para a pizzaria no Mercado Central, na Rua da Candelária. Para atrair clientes, meu pai teve a ideia de dar vales aos taxistas lá do centro, em papéis que ele escrevia à mão – quem conseguisse trazer um freguês até aqui ganhava uma pizza. Com esse marketing, o endereço não demorou a pegar, apesar de ser um lugar tão afastado."

João Machado de Siqueira Filho, da Pizzaria Bruno

Diversas camadas de massa, recheio e cobertura compõem a receita substanciosa da pizzaria A Casa da Pizza Estufada.

receita de pizza de Nápoles, mas meu pai era muito religioso e não mentia. Foi um espanhol que ensinou", confessa João Machado de Siqueira Filho, que herdou a casa. Para entender o adjetivo "frita" é preciso conhecer o processo de cozimento. A massa, à base de farinha de trigo, fermento biológico, sal e água, fermentada por 24 horas, é aberta em assadeira e pousada sobre óleo de soja bem quente, previamente aquecido na boca do fogão – chega a chiar, como um pururuca. Só então recebe a cobertura e vai ao forno a lenha.

São Paulo também é pródiga em pizzas que nem sequer são produzidas em pizzarias, mas em padarias. Essa é, por exemplo, a recordação do consultor gastronômico Luiz Américo Camargo, que por 11 anos trabalhou como crítico de restaurantes do jornal *O Estado de S. Paulo*. Sua primeira lembrança de pizza é a da padaria Ayrosa, inaugurada em 1888 no Largo do Paissandu. "Foi assim que conheci pizza: em padaria, embrulhada em papel. Ia até a Ayrosa a pé, sentava no balcão e comia um triângulo. Lembro que era macia, devia ter azeite na massa, com muita muçarela." Em São Paulo, as pizzas de padaria nunca tiveram muito status. Mantiveram-se em um território à parte, resguardado de modismos e tendências, e sempre foram consideradas um meio rápido, seguro e barato de matar a fome. Mas até isso mudou. A padaria Bella Paulista, no bairro da Consolação, um fenômeno de público que atende nada menos do que 5 mil pessoas por dia, já pôs no cardápio "pizzas individuais estilo napolitano". Aos poucos, as padarias foram virando concorrentes das pizzarias e a tradição da pizza em fatias, servida no balcão, dando lugar aos discos inteiros, despachados para as mesas ou dentro de caixas de papelão para os clientes do delivery.

São Paulo também inventou um jeito de comer muitos sabores de pizza de uma só vez: o rodízio. A história desse hábito de consumo tão peculiar se confunde com a do Grupo Sérgio, fundado por Sérgio Della Crocci, em 1976. Sua pizzaria, no bairro do Pari, celebrizou-se por permitir que o cliente comesse quantas fatias tivesse vontade, mesmo pagando apenas uma fração do preço da pizza inteira. A proposta caiu como uma luva entre os jovens de salários ou mesadas minguadas, que passaram a formar filas diante das cinco unidades que a rede chegou a ter – e olhe que algumas passavam dos mil lugares. Luiz Américo foi um desses fregueses. "A massa era fininha, meio seca, talvez nem tivesse fermento. Por isso, dava para comer uns trinta pedaços." O sucesso comercial do Grupo Sérgio deu origem a um segmento que se tornou especialmente forte na capital paulista, nos anos 1990 e 2000, e depois migrou para o interior e outros estados, onde sobrevive.

Bem mais recente foi o fenômeno da pizza de R$ 10, que bombou nas periferias de São Paulo e imediações de estádios de futebol até 2019. Dirceu Campos, da pizzaria Big House, no centro de São Paulo, reivindica a criação – tudo começou, segundo ele, como uma promoção para desovar um pedido encalhado. Deu ainda mais certo quando Campos passou a levar centenas de pizzas já assadas para a porta dos estádios, em dias de partidas de grande público. A economia de ingredientes – massa mais fina e parcimônia na cobertura – e a venda em grandes quantidades eram a chave para o negócio dar certo. Em um único dia de jogo, chegavam a sair 800 pizzas. Com um faturamento desses, em pouco tempo Campos já tinha uma penca de concorrentes, em vários pontos da Grande São Paulo. E a tendência não se resumiu aos dias de jogos. No dia a dia, a pizza de R$ 10 passou a ser vendida pelas ruas, seguindo uma lógica diferente do delivery, que depende de um pedido prévio – com várias pizzas prontas no bagageiro, o motoboy transitava devagar pelos bairros residenciais, conquistando a clientela no grito. O fenômeno, que chegou a virar tese de mestrado na Fundação Getúlio Vargas, só durou pouco porque enfrentou dois inimigos poderosos: a pandemia do coronavírus e a inflação, que desabou com força sobre o preço dos ingredientes, especialmente do queijo.

Essas e outras profundas mudanças que o setor das pizzarias sofreu entre 2019, quando esta pesquisa se iniciou, e 2022, data da publicação do livro, são justamente o tema do próximo capítulo.

"Em geral conduzidas por espanhóis e portugueses, as padarias da primeira metade do século XX tiveram um papel importante na propagação da pizza na cidade de São Paulo. Três razões sustentam essa tese. A primeira delas diz respeito aos fornos a lenha, cedidos para que os italianos pudessem assar as suas massas de pizza. Da conexão entre italianos e portugueses teria nascido um dos sabores mais queridos dos paulistanos, a pizza portuguesa. Não se sabe a data exata e não há registro do local desse nascimento, mas a combinação de molho de tomate, presunto cozido, ovo, cebola, azeitona e orégano teria surgido na padaria, reunindo ingredientes apreciados pelos portugueses. Por fim, a iniciativa de vender pizzas em fatias nos balcões, mantidas em estufas, hábito ainda bastante comum em São Paulo."

Silvana Azevedo, pesquisadora

Focadas nas entregas em domicílio, as 13 unidades da rede Kadalora assam centenas de pizzas por hora em fornos de esteira.

PASSADO, PRESENTE E FUTURO

Em São Paulo, as pizzarias têm sido exemplo de resiliência, para usar outro termo da moda. E não é de hoje. O incrível poder de criar e se adaptar deu ao setor mais fôlego para enfrentar tempestades que levaram muitos outros estabelecimentos a pique. É assim desde o início dos anos 1980, quando a chegada dos videocassetes ao Brasil esvaziou cinemas e estimulou o surgimento de um novo sistema de vendas, que viria a se tornar parte indissolúvel das pizzarias: o delivery. Ao longo das décadas seguintes, as entregas em domicílio ganharam corpo e aumentaram seu alcance gradativamente. Técnicas de transporte foram aprimoradas, embalagens conquistaram maior qualidade e eficiência. E tudo isso muito antes que outros segmentos do setor de restaurantes explorassem o delivery em São Paulo – foi só no início dos anos 1990 que as caixinhas recheadas de receitas chinesas passaram a circular pela cidade. Rubens Augusto Junior, fundador da rede Patroni Pizza, foi um desses pioneiros e jura que inventou o compartimento térmico para as entregas.

O pioneirismo das pizzarias no serviço de entregas em domicílio também salvou a pele do setor durante a pandemia do coronavírus, especialmente em 2020, quando os estabelecimentos foram obrigados a fechar as portas por vários meses. A rede 1900 Pizzeria, que então mantinha sete unidades (a oitava foi inaugurada em dezembro de 2021), conseguiu segurar a queda do faturamento em "apenas" 40%, quando a média registrada pelos restaurantes, em geral, segundo a Associação Brasileira de Bares e Restaurantes (Abrasel), chegou ao dobro. Mesmo com salões vazios – e, no caso da 1900, eles não são pequenos –, o número de pedidos aos sábados, noite de maior movimento da semana, pulou de 1.100 para 1.600. Segundo Erik Momo, as pizzarias da cidade se mantiveram de pé porque já tinham um serviço de entregas maduro e azeitado, ao contrário dos estabelecimentos de outros segmentos, que precisaram criá-lo no susto, praticamente da noite para o dia. Desde 2015, por exemplo, a 1900 mantém uma central para recebimento dos pedidos de delivery. O serviço, que antes acontecia de forma meio improvisada – os pedidos por telefone eram

Garagem da matriz da Kadalora, no bairro do Butantã, zona oeste de São Paulo: mais de 200 entregadores com carteira assinada.

anotados por funcionários sobrecarregados, divididos entre salão e entregas –, passou para uma turma dedicada, em espaço próprio na sobreloja da matriz.

Impossível escrever sobre delivery de pizzas em São Paulo sem falar da rede Kadalora, um verdadeiro fenômeno, que durante a pandemia ganhou duas novas unidades e viu as vendas crescerem 15%. As 13 unidades na Grande São Paulo passaram a despachar em torno de 43 mil pizzas por mês nas mochilas térmicas de 205 entregadores, todos eles funcionários contratados com carteira assinada – em 2019, eram "apenas" 140. Paranaense de Maringá, Valmor Friedrich comprou a Kadalora em 2003. O empreendimento não passava de uma lojinha acanhada, no bairro do Butantã, com um pizzaiolo e um motoboy na equipe. A divulgação era feita por meio de panfletos, distribuídos pelas ruas das redondezas. Em menos de duas décadas, a rede já empregava 350 pessoas. Só na central do Butantã, oito fornos de esteira assam até 480 pizzas por hora. A massa, produzida diariamente, fermenta por quatro horas e pode ser aberta em duas espessuras ao gosto do freguês, fina ou grossa, com mais de sete dezenas de coberturas à escolha. As cinco opções que levam *cream cheese* são as mais procuradas, e as bordas podem ser recheadas com requeijão, *cream cheese*, Catupiry, *cheddar*, chocolate, chocolate branco e até goiabada com queijo. Segundo Friedrich, ter um delivery bem estruturado foi o combustível para atravessar a pandemia. "O padrão de consumo mudou, gente que pedia pizza uma vez por semana passou a fazer duas ou três encomendas semanais, e a gente conseguiu dar conta", diz.

Também faz parte do currículo de superações das pizzarias paulistanas a crise provocada pelo Plano Collor.

"Antigamente, quem preferia comer pizza em casa optava quase sempre pela retirada no balcão. Pouca gente pedia delivery, o que foi mudando progressivamente. Acho que muitos fatores contribuíram para essa mudança de comportamento, do trânsito cada vez mais difícil aos arrastões em restaurantes, passando pela Lei Seca e pelo Netflix. Sem falar que, pedindo em domicílio, você gasta menos, porque não paga pelas bebidas e pelo serviço de manobrista. O fato de a pizza ser um produto que viaja muito bem só ajudou."

Erik Momo, 1900 Pizzeria

Em outubro de 1990, reportagem publicada pelo jornal O *Estado de S. Paulo* dava conta da incrível resistência do setor e a atribuía a dois fatores: a pizza já era um alimento mais acessível a diferentes parcelas do público e que permitia, ao empreendedor, margem de lucro mais polpuda. O mercado seguia tão promissor, a despeito da combalida economia do país naquele momento, que a PepsiCo já comandava, naquele ano, o desembarque da rede Pizza Hut por aqui – os números da primeira unidade, inaugurada em 1989 em Santo André, na Grande São Paulo, comprovavam que as pizzas altonas ao estilo norte-americano fariam sucesso no país. E não deu outra – em três décadas, a rede chegou a 55 lojas na cidade de São Paulo e a 145 no estado.

Difícil cravar qual é o futuro das pizzarias de São Paulo. Desde fevereiro de 2019, quando a pesquisa para este livro começou, muita coisa aconteceu. Pizzarias abriram, outras fecharam, tendências apontadas como certeiras não se confirmaram, outras surgiram de surpresa. Em fevereiro de 2022, o pizzaiolo Paul Cho, que aprendeu o ofício na Roberta's, de Nova York, e consolidou seu estilo nos fornos da Bráz Elettrica, inaugurou uma pizzaria para chamar de sua: a Paul's Boutique, diferente de tudo o que a cidade já viu em termos de pizzaria. Como nas padarias, Cho abre as portas desde a hora do almoço, expõe os discos de 45 centímetros na vitrine e os vende em fatias – a textura firme é proposital, para dispensar o uso de talheres. Das hamburguerias, roubou o hábito de oferecer molhos *ranch* ou de pimenta como complemento. O cardápio vai da italiana cobertura de *stracciatella*, o recheio cremoso das *burratas*, à surpreendente pizza de milho, que leva creme de limão, muçarela, grãos de milho-doce, parmesão, manjericão e pimenta-do-reino. A pizza picante, com salame apimentado, picles de *jalapeño* e mel picante, ele diz que virou modinha em Nova York e, por lá, já virou um clássico. "Para mim, pizza é só um pão achatado com cobertura em cima. Não venho de formação italiana e não bato no peito para falar de tradição. Aqui, não sigo regras", recita Cho. Quem conhece um pouquinho São Paulo sabe que não vai demorar para que esse formato de pizzaria logo comece a pipocar pela cidade.

Dentro desse cenário tão paulistanamente pulsante, a diversidade de estilos promete continuar sendo a marca registrada dessa cidade de 12 milhões de habitantes, com pizzas napolitanas, romanas, altas e finas, com e sem bordas, salgadas e doces, tradicionais e novidadeiras, convivendo nos menus dos mais de 5 mil estabelecimentos formais que se espalham pela região metropolitana. Trata-se do segundo maior mercado consumidor de pizzas do mundo, atrás apenas de Nova York – por dia, segundo estimativa da Associação Pizzarias Unidas, os paulistanos devoram nada menos que 600 mil pizzas, o que representa 60% do consumo diário nacional. Não é pouca coisa. Mas também é certo que, não importa quantas novidades aportem na cidade, a pizza paulistana promete ter vida longa. Desde 2019, o italianíssimo Campionato Mondiale della Pizza, cuja edição nacional é realizada anualmente em São Paulo na feira setorial Fipan Pizza, tem a categoria "Clássica", criada especialmente para os pizzaiolos especializados na receita paulistana. O grande número de inscrições na primeira edição estimulou o Mulino Caputo a criar uma farinha calibrada especialmente para esse segmento – o teor de proteína leva em conta o hábito de usar a geladeira para frear a fermentação e a demanda gigante do delivery, que pede discos mais resistentes ao transporte.

Dados como esses são importantes porque mostram para onde vai o mercado – tudo indica que nossa pizza fininha, nossas bordas recheadas e nossa mistura ousada de ingredientes seguirá como um símbolo da cultura paulistana, sem negar espaço às napolitanas, às romanas, às fritas e às estufadas, às coberturas contemporâneas e às receitas datadas, à fermentação rápida ou demorada, aos ambientes tradicionais e aos novidadeiros. São Paulo sempre terá espaço para fatias de todos os tipos.

"A Patroni já nasceu com foco em delivery, o que era novidade nos anos 1980. Quando o serviço era oferecido, os entregadores trabalhavam a pé ou de bicicleta. No início, eu colocava a caixa da pizza dentro de um envelope de papel e o amarrava na bicicleta. É claro que a pizza chegava fria. Encomendei então uma caixa redonda de fibra de vidro, que preservava mais o calor – mas, se o cliente pedisse mais de uma pizza, a caixa ficava pesada e caía da bicicleta. Por fim, criei um baú com portinha e quatro prateleiras. Foi uma maravilha, até que começaram a chegar pedidos de bairros distantes, que eu não conseguia atender de bicicleta. Fui ao banco, pedi um empréstimo e comprei uma Mobilete amarela, que me roubaram no primeiro dia. Descobri que estava em uma favela, entrei correndo e roubei a Mobilete do ladrão. A partir daquele dia, sempre que o entregador estacionava diante de um prédio, passava o cadeado. Foi ótimo, porque aumentamos muito as entregas."

Rubens Augusto Junior, da Patroni Pizza

PROFISSÃO PIZZAIOLO

Dos mais jovens e ousados aos decanos apegados às tradições, eles personificam um dos traços mais emblemáticos da cultura paulistana e foram fundamentais para que essa história pudesse ser contada.

Erik Momo,
1900 Pizzeria

Raffaele Mostaccioli,
Bráz Pizzaria

José Antônio Barros de
Macedo, Pizzaria Camelo

Luciano Nardelli,
Carlos Pizza

Carlos Zoppetti,
Instituto ConPizza

Fellipe Zanuto, Pizza da Mooca, Da Mooca Pizza Shop e Onesttà

Filipe Fernandes,
Fôrno

André Guidon,
Leggera Pizza
Napoletana

Paul Cho,
Paul's Boutique

José de Andrade Souza
(Zé da Madrinha),
Speranza

Francisco das Chagas,
Zi Tereza di Napoli

REFERÊNCIAS BIBLIOGRÁFICAS

AMBACK, Adriana. *Primo Basílico – a pizza do Jardim Paulistano.* São Paulo: DBA Artes Gráficas, 2012.
AMERICANO, Jorge. *São Paulo naquele tempo – 1895-1915.* São Paulo: Saraiva, 1957.
ASSOCIAZIONE VERACE PIZZA NAPOLETANA. *Flour, water, yeast, salt, passion.* Forio: Casa Editrice Malvarosa, 2013.
BERTONHA, João Fábio. *Os italianos.* São Paulo: Contexto, 2013.
BOLAFFI, Gabriel. *A saga da comida – receitas e história.* Rio de Janeiro: Record, 2000.
BOURCARD, Francesco de. *Usi e costumi di Napoli e contorni – descritti e dipinti.* Nápoles: Stabilimento Tipografico di Gaetano Nobile, 1853.
BRUNO, Ernani Silva. *História e tradições da cidade de São Paulo.* Rio de Janeiro: José Olympio Editora, 1954.
BUONASSISI, Rosario. *La pizza: il piatto, la legenda.* Milão: Mondadori Editore, 1997.
CAPUTO, Walter; PUGNO, Luigina. *La pizza al microscopio – storia, fisica e chimica di uno dei piatti più amati e diffusi al mondo.* San Giovanni Lupatoto: Redazione Gribaudo, 2016.
DUARTE, Marlene; LEOPARDI, Marly. *Capricciosa... e o carioca descobriu a pizza!* Rio de Janeiro: Senac Rio, 2002.
ERBETTA, Gabriela. *Pizzarias que contam a história de São Paulo.* São Paulo: Panda Books, 2018.
FERRARI, Sandro. *Alla napoletana: Jardim de Napoli, uma casa paulistana.* São Paulo: Gaia/Editora Boccato, 2006.
FREITAS, Affonso A. de. *Tradições e reminiscências paulistanas.* São Paulo: Martins Editora, 1955.
GALVÃO, Saul. *Bráz: pizza paulistana.* São Paulo: DBA Gráficas, 2003.
HELSTOSKY, Carol. *Pizza – uma história global.* São Paulo: Senac São Paulo, 2012.
LOPES, J. A. Dias. *A rainha que virou pizza – crônicas em torno da história da comida no mundo.* São Paulo: Companhia Editora Nacional, 2007.
MATTOZZI, Antonio. *Una storia napoletana – pizzerie e pizzaiuoli tra Sette e Ottocento.* Bra: Slow Food Editore, 2009.

PELLEGRINO, Artusi. *A ciência na cozinha e a arte de comer bem.* Itu: Associação Emiliano Romagnola Bandeirante, 2009.
PENTEADO, Jacob. *Belènzinho, 1910 – retrato de uma época.* São Paulo: Martins Editora, 1962.
RIBEIRO, Débora. *Família Tarallo – Speranza 60 anos: ieri, oggi, domani.* São Paulo: DBA Editora, 2018.
SESSO JUNIOR, Geraldo. *Retalhos da velha São Paulo.* São Paulo: OESP-Maltese, 1987.

Teses

ALMEIDA, Silvana Azevedo de. O léxico da cozinha italiana em São Paulo: autenticidade e adaptação nos restaurantes paulistanos. Universidade de São Paulo, Faculdade de Filosofia, Letras e Ciências Humanas, Departamento de Letras Modernas, Programa de Pós-graduação em Língua, Literatura e Cultura Italianas, 2016.
COLLAÇO, Janine Helfst Leicht. Sabores e memórias: cozinha italiana e construção identitária de São Paulo. Universidade de São Paulo, Faculdade de Filosofia, Letras e Ciências Humanas, Departamento de Antropologia, Programa de Pós-graduação em Antropologia Social, 2009.

Sites

http://www.olharturistico.com.br/pizza-o-prato-da-cidade-de-sp/
https://brasil500anos.ibge.gov.br/territorio-brasileiro-e-povoamento/italianos/regioes-de-origem.html